和谐校园文化建设读本

绚烂文化

赵 琼/编写

吉林教育出版社

图书在版编目(CIP)数据

绚烂文化 / 赵琼编写. — 长春：吉林教育出版社，
2012.6（2018.2 重印）

（和谐校园文化建设读本）

ISBN 978-7-5383-8796-4

Ⅰ. ①绚… Ⅱ. ①赵… Ⅲ. ①民族文化－中国－青年
读物②民族文化－中国－少年读物 Ⅳ. ①K28-49

中国版本图书馆 CIP 数据核字（2012）第 116012 号

绚烂文化   **赵 琼 编写**

策划编辑	刘 军 潘宏竹		
责任编辑	付晓霞	**装帧设计**	王洪义

出版	吉林教育出版社（长春市同志街 1991 号 邮编 130021）
发行	吉林教育出版社
印刷	北京一鑫印务有限责任公司

开本	710 毫米×1000 毫米 1/16 13 印张 **字数** 165 千字
版次	2012 年 6 月第 1 版 2018 年 2 月第 2 次印刷
书号	ISBN 978-7-5383-8796-4
定价	39.80 元

编　委　会

总 序

千秋基业，教育为本；源浚流畅，本固枝荣。

什么是校园文化？所谓"文化"是人类所创造的精神财富的总和，如文学、艺术、教育、科学等。而"校园文化"是人类所创造的一切精神财富在校园中的集中体现。"和谐校园文化建设"，贵在和谐，重在建设。

建设和谐的校园文化，就是要改变僵化死板的教学模式，要引导学生走出教室，走进自然，了解社会，感悟人生，逐步读懂人生、自然、社会这三部天书。

深化教育改革，加快教育发展，构建和谐校园文化，"路漫漫其修远兮"，奋斗正未有穷期。和谐校园文化建设的研究课题重大，意义重要，内涵丰富，是教育工作的一个永恒主题。和谐校园文化建设的实施方向正确，重点突出，是教育思想的根本转变和教育运行机制的全面更新。

我们出版的这套《和谐校园文化建设读本》，全书既有理论上的阐释，又有实践中的总结；既有学科领域的有益探索，又有教学管理方面的经验提炼；既有声情并茂的童年感悟，又有惟妙惟肖的机智幽默；既有古代哲人的至理名言，又有现代大师的谆谆教诲；既有自然科学各个领域的有趣知识，又有社会科学各个方面的启迪与感悟。笔触所及，涵盖了家庭教育、学校教育和社会教育的各个侧面以及教育教学工作的各个环节，全书立意深邃，观念新异，内容翔实，切合实际。

我们深信：广大中小学师生经过不平凡的奋斗历程，必将沐浴着时代的春风，吸吮着改革的甘露，认真地总结过去，正确地审视现在，科学地规划未来，以崭新的姿态向和谐校园文化建设的更高目标迈进。

让和谐校园文化之花灿然怒放！

本书编委会

目 录

浏览各民族多彩文化的殿堂 ·········· 001

各民族灿烂的物质文化 ·········· 003

  各族文化互相影响彼此交流 ·········· 003

  水稻——南方少数民族的贡献 ·········· 003

  小麦——从西部民族传入中原 ·········· 005

  大豆——东北山戎族最先驯化 ·········· 006

  芝麻——多民族悠久的文化体现 ·········· 008

  茶——南方民族的贡献 ·········· 011

  葡萄——西北民族最先引种 ·········· 013

  核桃——古羌族最先驯化 ·········· 014

  荔枝——南方民族最先栽培 ·········· 015

  柑橘——南方民族的奉献 ·········· 017

  甜瓜、西瓜——多民族的奉献 ·········· 019

  古代楚蜀吴越的水利工程——各族人民的创造 ·········· 020

  修梯田、稻田养鱼——南方民族的创造 ·········· 023

  骏马由多民族培育 ·········· 025

  布达拉宫——"世界屋脊"上的宏伟建筑 ·········· 026

  大昭寺——汉藏建筑艺术的合璧之作 ·········· 029

  扎什伦布寺——汉藏文化交流的见证 ·········· 031

  塔尔寺——西北地区藏族文化艺术的宝库 ·········· 033

  傣族竹楼——别致的民居 ·········· 034

  不用一钉一铆的侗族风雨桥和鼓楼 ·········· 036

  吊脚楼——西南地区的古老建筑 ·········· 039

客家土楼——中华文化瑰宝 ·········· 041

羌碉——世界建筑明珠 ·········· 045

各民族多彩的精神文化 ·········· 048

少数民族医药选介 ·········· 048

藏医——祖国医学宝库的组成部分 ·········· 048

以外科见长的蒙医 ·········· 051

维吾尔医学——祖国医学的一枝奇葩 ·········· 053

历史悠久的傣医 ·········· 054

彝族医药——巨大的医药宝库 ·········· 055

苗族医药——苗族传统智慧的结晶 ·········· 058

少数民族传统体育概览 ·········· 061

蒙古族那达慕 ·········· 061

朝鲜族的荡秋千和跳板 ·········· 063

回族的武术、掼牛和打木球 ·········· 066

维吾尔族的空中转轮 ·········· 068

哈萨克族的姑娘追、刁羊和马上摔跤 ·········· 069

藏族的抱石头、赛牦牛、拔河和"古朵" ·········· 071

苗族的打手毽 ·········· 074

彝族的摔跤 ·········· 075

壮族的抛绣球 ·········· 076

侗族的抢花炮和赛木马 ·········· 077

佤族的射弩、打陀螺和"莫海亚" ·········· 078

满族的珍珠球 ·········· 081

土家族的高脚竞速 ·········· 084

少数民族歌舞文化 ·········· 086

景颇族的"目瑙纵歌"、"刀舞" ·········· 086

朝鲜族的鹤舞、农乐舞、剑舞 ·········· 090

佤族的甩发舞 …………………………………………… 093

蒙古族的安代舞、盅碗舞、筷子舞 …………………… 094

傣族的孔雀舞、象脚鼓舞 ……………………………… 098

藏族果谐、堆谐和锅庄 ………………………………… 102

土家族摆手舞、毛古斯和八宝铜铃舞 ………………… 105

少数民族风俗一瞥 ……………………………………… 111

各民族的饮食文化 ……………………………………… 112

各民族的酒文化 ………………………………………… 131

各民族的茶文化 ………………………………………… 135

各民族的节日文化 ……………………………………… 141

各民族的吉祥物 ………………………………………… 143

少数民族文学揽胜 ……………………………………… 145

从阿凡提说起 …………………………………………… 145

古老的神话 ……………………………………………… 149

苗族古歌 ………………………………………………… 150

纳西族《创世纪》 ……………………………………… 150

彝族《梅葛》 …………………………………………… 152

迦萨甘创世 ……………………………………………… 152

日月、洪水神话及其他 ………………………………… 153

英雄史诗 ………………………………………………… 156

我国三大英雄史诗 ……………………………………… 156

格萨尔王传 ……………………………………………… 156

乌古斯传 ………………………………………………… 158

莫一大王 ………………………………………………… 159

满斗莫日根 ……………………………………………… 161

优美的叙事诗 …………………………………………… 162

阿诗玛 …………………………………………………… 163

召树屯 ·························· 164

娥并与桑洛 ·················· 166

仰婀莎 ······················ 167

嘎达梅林 ···················· 169

多样的歌谣 ···················· 170

劳动歌 ······················ 171

习俗歌 ······················ 173

情　歌 ······················ 174

生活歌 ······················ 175

时政歌 ······················ 176

动人的传说 ···················· 177

吴　勉 ······················ 178

望夫云 ······················ 179

鸟吊山的传说 ················ 181

火把节的传说 ················ 183

泼水节的传说 ················ 184

日月潭的传说 ················ 186

茶和盐的故事 ················ 187

各族文化互相交流 ·············· 188

藏族作家文学早期的瑰宝 ········ 189

维吾尔族文学史上的三大名著 ···· 190

蒙古族三大历史名著 ·········· 191

从《敕勒歌》到《红楼梦》 ········ 192

现代少数民族作家文学 ·········· 193

当代少数民族文学 ············ 193

少数民族谚语 ·················· 195

浏览各民族多彩文化的殿堂

在我们接触的汉族青少年朋友中，对少数民族有一定了解的为数不多。在少数民族青少年朋友中，对别的民族有一定了解的也不算多。一位年轻的民族学博士说："我出生在陕西秦岭南麓的一个小盆地里。在 20 岁之前，我全部的民族学知识只是知道当地的回民不吃猪肉。"（周星：《民族学新论》后记）这并不奇怪，我国少数民族仅占总人口的 8％，而且多数住在边疆，内地的汉族青少年和兄弟民族朋友朝夕相处的机会不多。

而普及民族知识，加强民族团结又很重要。因为我国各民族在漫长的历史发展中，共同缔造了统一的、多民族的伟大祖国，共同开拓了中华民族辽阔的疆域，共同创造了祖国灿烂的文化。少数民族文化是中华民族文化的组成部分。在建设中国特色的社会主义的今天，

56个民族谁也离不开谁。增进了解，加强团结，巩固边疆，这是我们事业兴旺发达的保证。祖国统一，民族团结也是中华民族发展繁荣的标志之一。

这本书就是想通过文化的视角来向青少年朋友介绍各民族的文化。

"文化"指什么？它有时指一般知识，如"学文化"、"文化水平"中的"文化"。有时又指文学艺术，如"文化局"就是负责管理文艺工作的机关。本书所说的，是广义的"文化"，是民族学中的"文化"。它指人们在体力劳动和脑力劳动中所创造出来的财富，可以分为物质文化和精神文化。

我国各民族文化丰富多彩，让我们慢慢浏览。

各民族灿烂的物质文化

在中华民族悠久的历史中，产生了灿烂的物质文化和精神文化。这些文化，都是我国各族人民共同创造的，是整个中华民族文化的组成部分。

各族文化互相影响彼此交流

汉族文化和各兄弟民族的文化是很难截然分开的。这是因为：一方面，汉族是由许多原始民族融合而成的。在由原始社会向奴隶社会过渡时，黄河中下游地区的炎黄集团和部分东夷集团为主体逐渐形成了华夏族，其中也包含南方苗蛮集团的成分。秦汉以后，汉族仍然不断吸收其他民族成分而日益壮大。另一方面，我国历史上很早就形成了各民族交叉居住和彼此杂居的格局，这就是"大杂居，小聚居"。由于戍边、屯田、垦荒、经商、迁徙等原因，少数民族地区便有相当数量的汉族同胞，其中有些已融合到少数民族中了。他们一方面学习和适应少数民族的生产经验和生活方式，另一方面又把汉族或其他民族的先进生产技术和物质文化传播到少数民族地区，促进了这些少数民族物质文化和精神文化的发展。

灿烂的中华民族文化，是各民族文化相互撞击的火花。

水稻——南方少数民族的贡献

目前，我国水稻种植总面积达5亿亩（1亩≈667平方米），占全国粮食作物种植面积的1/3，产量占全国粮食总产量的43.8%。我国是水稻生产大国，稻谷总产量占世界总产量的 1/3 以上。而南方的百越族系，又是首先栽培水稻的民族。

栽培水稻起源于何处？比较一致的意见是稻作起源于尼泊尔——阿萨姆、缅甸——中国云南、贵州这样一个狭长的生态区，而云贵是其中心。

云南已发现史前栽培稻遗址有多处，其中最早的要算宾川县白羊村遗址，距今有 4 000 多年。普洱县早在 20 世纪 50 年代就发现了野生稻，近年又出土了炭化古稻谷。这说明当时居住在云南的少数民族是最早把野生稻驯化为栽培稻的人群之一。

云南出土古稻的地方，古代多有傣族人居住。傣族的民间传说和创世史诗中也记述了他们的祖先是如何在渔猎过程中驯种了野生稻的"香稻米"，如何找到了稻种，学会了水田稻作的。这表明包括傣族在内的百越民族，就是中国稻谷的最早栽培者。

上古百越族群居的地方很多有野生稻分布，史前栽培稻遗址众多，而后来的越人也一直以种稻著称。《史记·货殖列传》中说："楚越之地，地广人稀，饭稻羹鱼，或火耕而水耨（nòu）。""饭稻"就是吃米饭，"羹鱼"就是吃鱼，这是百越民族至今依旧的生活习惯。这里的"火耕"是指播种前烧去田间杂草，用以肥田。所谓"水耨"，是指在水稻生长期间拔掉田间杂草，放水淹灌。或者从水田里拔起杂草，又把它踩到泥土里，使之腐烂成为肥料。这是百越民

百越植稻

族千年相传的生产技术。

汉武帝时，百越民族的人开始北迁，有的还迁到了黄河流域，把稻种和水稻生产技术传到了北方。

小麦——从西部民族传入中原

米饭、馒头是我国人民的主食。北方人的主食馒头、面条、烙饼、烧饼、包子、饺子都是面食。制作这些面食的小麦是我国北方人民的主粮。目前，我国小麦播种面积有 4 亿多亩，成为仅次于水稻的第二大粮食作物。

小麦并非中原华夏族的原产，而是由西部民族传入的。

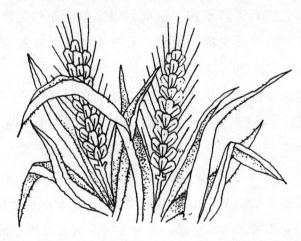

我国古代的"麦"字，兼指小麦、大麦，繁体字作"麥"，甲骨文为"夋"，是"來"字下面加"足"形。"来"甲骨文作"來"，是小麦植株的形象，上部是下垂的叶子，穗直挺，或加一横，指其有芒。汉字表示禾谷类的字都是"禾"旁，唯"麦"字是"来"字头，可见它是华夏族引进的。

我国目前已发现的麦作遗存在新疆孔雀河畔的古墓沟墓地，距离现在 3 800 多年。在墓主头侧的草编小篓中发现有小麦随葬，10 多粒到 100 粒不等。以小麦为随葬品，说明这里的人们早就种植小麦了。死者头戴毡帽，身裹毛布或毛毯，穿羊皮靴，表明当地居民以畜牧为主。新疆发现的汉代以后的小麦遗存就更多了。

古籍中说羌族先民"食麦衣（穿）皮"，又说汉代汶山郡（今四川阿坝藏族羌族自治州）"土地刚卤，不宜五谷，唯种麦"。可见种麦是羌族先民古老的习惯。

藏族与羌族有亲缘关系。《旧唐书》中说藏族地区"气候大寒，不生粳稻，有青稞麦"，"以麦熟为岁首"。以麦熟为新年，确有其俗，藏族民间直到唐代依然如此。文成公主进藏后，吐蕃王朝才逐渐习用唐历，并逐渐推广到民间，与汉族同时过年。但现在藏族每年六七月还要举行赛马会，进行宗教祭祀，这就是以麦熟为新年的民俗遗存。与羌族有渊源关系的彝语支各民族六七月有火把节，以夏天为新年的第一个月，这也是以麦熟为新年的遗俗。

栽培小麦源于西亚，羌族、藏族、彝族等西部民族。大概在公元前 20 世纪前后，才逐渐传入中原地区。小麦是越年生（两年生）作物，需要冬春雨量充沛的自然条件。而中原黄土地区雨水集中在夏季，不利于小麦生长。在黄河流域种麦，需要采取多种防旱保墒措施。麦饭粗糙，需要研磨才能适口，只有在石磨广泛使用后才能推广。所以，直到唐代，小麦才取代粟（小米）成为黄河流域人民的主粮。

至于大麦，我国西南部是原产地，起码是原产地之一。我国科学工作者在青藏高原上发现了野生的二棱大麦、六棱大麦。实验证明，二棱大麦是栽培大麦的野生祖先。藏族人民至今还种的青稞是大麦的别种。藏族先民是大麦的驯化者或者驯化者之一。

大豆——东北山戎族最先驯化

我国是栽培大豆起源中心，这是世界都公认的。但大豆不可能起源于黄土高原，因为黄土高原半干旱的自然环境，不是需水甚多的大豆理想的原生地。著名的西安半坡仰韶文化遗址的土层中，不曾发现过豆科植物孢粉。在殷周时代，中原人民以粟（小米）黍（shǔ，黄米）为主粮，《尚书》《诗经》中常常黍稷（jì，小米）并称。我国古代以稷为百谷之长，帝王每年都要祭祀"稷"——谷神。可见，大豆不是起源于中原地区。

在华北东部近海平原，如在北京周口店猿人时代的土壤中，在燕山南麓 5 000 年以前形成的泥炭层中，都发现了或多或少的豆科植物孢粉。

在吉林省永吉县大海猛遗址出土了炭化大豆。根据形态特征和化学成分鉴定，认定为栽培型的小粒大豆或半野生大豆。据[14]碳测定，这个遗址距今约 2 000 多年，相当于中原的东周时代。这是我国目前经过鉴定的出土最早的大豆实物。

东北和华北东部平原是最早种植大豆的地区。《诗经》中称大豆为"菽"（shū），又称为"荏菽"，还称为"戎菽"。"荏"是"戎"的变音。"荏菽"、"戎菽"，即东北山戎族驯化的大豆。

东北历来是我国大豆的传统产区。清代和近代、现代，东北都是大豆和豆饼的主要产地。东北有种豆的悠久历史，是大豆的原产地，应当是毫无疑问的。

春秋晚期和战国时期，"菽"的地位迅速上升，与粟（稷）并列为主要粮食作物。因此，在《墨子》中有"菽粟多而民足乎食"之句，《孟子》中说："圣人治天下，使民有菽粟如水火"（意为：贤圣的人治理国家，要让老百姓拥有足够的大豆和小米，就如同获取水、火那样容易），《荀子》中说："工贾不耕，而足菽粟"（意思是说，工匠、商人不种庄稼却能有足够的大豆和小米）。这说明，这个时期中原人从东北"山戎"族引进大豆，作物结构发生了很大变化，食物结构也随着变化，在动物性蛋白相对较少的历史条件下，大豆正好提供了人们所需要的优良的植物性蛋白，这是很大的进步。中原地区原产的粟黍，加上从南方引进的稻子，从西部引进的麦子，从东北引进的大豆，我国传统的粮食作物的结构就趋于合理了。由此看来，古代山戎民族对中华民族发展所作出的贡献是不可磨灭的。

芝麻——多民族悠久的文化体现

我国芝麻栽培历史悠久，分布十分广泛。中国芝麻产量居世界第一，且品质最好。芝麻主产区为河南、湖南、湖北、安徽、东北等地区。这些地域内土壤、温度、降雨量、日照均适宜芝麻的生长。

我国历代芝麻有许多象形的名称，如：方茎、巨胜、虱、脂麻、油麻等。通常沿用"胡麻"，宋代才有"芝麻"的名称。我国现在最早的药物专著《神农本草经》中记载："胡麻又名巨胜，生上党川泽，秋采之。"北宋苏颂《国经本草》记述了芝麻的植物学特征："茎四方，高五六尺，……开白花，形如牵牛花，亦有紫色，节节生角……子扁而细小。"
公元1406年朱肃著《救荒本草》一书最早绘出芝麻植株的图形。

据调查，明清以来，南至湖广，西至新、藏，都有了芝麻栽培。
古农书对芝麻栽培管理也有较详细的描述。据西汉晚期《氾胜之书》
和北魏时期《齐民要术》记载，"胡麻相去一尺、区种、天旱常灌之"；
"漫种者，先以耧耩，然后散子空曳劳"。元代戴表元的《胡麻赋》指
出芝麻抗旱性较强，"六月亢旱，百稼槁干，有物沃然，秀于中田，是
为胡麻，外白中元"。王祯《农书》中有"开荒地，当年多种脂麻，有
收至盈溢仓箱速富者"。意为新开荒地病害少、地力肥、产量高，适于
种芝麻。这说明我国古代劳动人民对种植芝麻积累了丰富的经验。

我国古代种植芝麻主要为食用，魏吴普约撰于公元3世纪初期的
《吴普本草》中讲到神农和黄帝用芝麻治病的故事，又可见其药用价
值。并被视为延年益寿的食品，宋代大诗人苏东坡和著名的医药家陶
弘景都认为芝麻能强身体，抗衰老，分别有文字记载："以九蒸胡麻，

同去皮茯苓，少入白蜜为面食，日久气力不衰，百病自去，此乃长生要诀。""八谷之中，惟此为良，仙家作饭饵之，断谷长生。"《神家本草经》记载："芝麻，补心脏，益气力，长肌肉，填髓脑，久服强身。"《本草易读》一书中也提到："黑芝麻，白发令黑，九蒸晒、枣肉丸服。"是说把黑芝麻蒸过之后晒过，反复9次，再连同黑枣肉混合成药丸状服用，可令白发变黑。

芝麻籽还可榨油，我国用芝麻籽榨油是在晋代才被广泛采用的。王祯《农书》中就记载着造油的方法："如欲造油，先把芝麻炒熟，用碓或辗碾烂，蒸后贮于槽内，用碓或椎击之，则油从槽流出。"可见那时已有了较先进的榨油技术了。

芝麻片

现在我国各地利用芝麻、芝麻油、芝麻酱制作出了特色食品和美味佳肴，其中玉溪的芝麻片，色泽光润，酥脆爽口；成都的芝麻汤圆，香甜滑润，肥而不腻，糯而不黏；澳门的礼记芝麻饼，鲜香，酥脆可口。这些都成为祖国大陆、港澳台等地久负盛名的特色产品。

芝麻栽培的技术和广泛利用，是以广大劳动人民丰富的实践经验为基础的，是人们从与大自然作斗争过程中获得的成就，这些成就丰富了我们伟大祖国的农业学术遗产，反映了我们民族悠久的文化，而且具有极高的科学价值。

茶——南方民族的贡献

中国是茶的原产地。世界各国人民饮茶的习惯，种茶、制茶的技术都是从中国传出去的。英语称"茶"为 tea，是广东潮州话的音译。

在我国首先喝茶、种茶的是南方少数民族。清人彭邦鼎说："六经无茶字，窃意产茶之地，在古皆属蛮夷。……顾亭林（炎武）曰：自秦人取蜀后，始有茗（茶）之事。"

我国上古时没有"茶"字，而借用"荼"（tú）来表示。在《诗经》等先秦古籍中，"荼"字有好几种意思，就是没有一种是表示"茶"的。这说明用"荼"代表"茶"是较晚的事情。到中唐以后，才把"荼"字去掉一横，成为现在的"茶"字。

据调查，我国南方野生茶树分布广泛，尤以云南、贵州、四川为多。唐代人陆羽在《茶经》开头就说："茶者，南方之嘉木也。一尺、数尺乃至数十尺。其巴山、峡川，有两人合抱者。"这就是说，唐代时在四川东部的山上有两人合抱的野生大茶树。

从文献记载看，古代巴蜀（今四川一带）茶事活动最早。《华阳国志·巴志》中巴地"园有芳蒻（ruò）、香茗"。"茗"就是茶。这说明巴蜀最迟在商代已经在园圃中种茶了。他们饮茶的历史应当更为久远。

与巴蜀相邻的楚地，产茶也很早。《汉书·地理志》说长沙国有"茶陵县"，这就是如今的湖南省茶陵县。为什么叫"茶陵"呢？"茶陵者，所谓陵谷生茶茗焉"。也就是说，这里的山谷间产茶。从《汉书》来看，茶陵县产茶和因产茶得名，是在汉代或更早。北魏时的《齐民要术》中引《荆州土地记》说："浮陵茶最好。""浮陵"就是"武陵"，即现在的湘西一带，是汉代"武陵蛮"或"五溪蛮"——苗族、瑶族、土家族、侗族等民族先民居住的地方。

云南最负盛名的是普洱茶。普洱茶的起源可以追溯到唐代以前。在著名的六大茶山之一的莽枝有"茶王树"，"较五山茶树独大，传为武侯（诸葛亮）遗种，夷民祀之"。从这个迹象来看，普洱一带种茶可能在三国时代。到了唐代，普洱茶产区已是云南茶叶的主要产地。

据浙江南部、福建东部的地方志记载，当地畲民无园不种茶，其中武夷茶品质最佳，驰名国内外。

如今，上述少数民族地区，仍是我国优质茶叶的主要产地，所以说，茶叶是南方民族的贡献。

葡萄——西北民族最先引种

在新疆的水果中，最有名的要算葡萄。吐鲁番被喻为"葡萄沟"。

葡萄起源于地中海和里海地区。西汉时张骞出使西域后，葡萄才大量传入中原。"葡萄"是音译，说明它是一种"舶来品"。

在西汉以前，葡萄就在新疆安家了。《史记·大宛列传》说："宛左右以葡萄为酒，富人藏酒至万余石（dàn），久者数十年不败。"这里的"宛左"即大宛以东的新疆地区。可见，在西汉以前，新疆早已种植葡萄，并且用葡萄酿酒。

在吐鲁番，生产葡萄的历史可以追溯到汉代以前。吐鲁番东汉时期的墓葬发现过不少陪葬的干葡萄串，有的墓里还有描绘葡萄园的壁画。南北朝时，吐鲁番的葡萄就已很有名气，魏氏高昌王朝向南朝进贡的珍品中就有葡萄。

新疆各族人民在长期种植葡萄的生产实践中，积累了丰富的经验，培育了许多优良的品种，其中以无核葡萄最为著名。"无核白"是现在新疆还广泛栽培的品种，又名"绿葡萄"，其起源最早。《农政全书》卷三〇引《广志》说："至若西番之绿葡萄，名兔睛，味胜（胜过）糖蜜，无核，则异品也。"

葡萄从西域传到中原，后人把功劳归于张骞。《齐民要术》就说："汉武帝使张骞至大宛，取葡萄实（种子，果实），于离宫别馆旁尽种之。"其实，葡萄并不是张骞亲自带回的。在此以前，新疆各族人民广泛种植葡萄，中原人民也已从新疆引进葡萄零星种植了。司马相如在张骞出使西域之前写的《上林赋》中已说上林苑中有"蒲桃"，即葡萄。《西京杂记》中也说，西汉初南越"尉佗献高祖以鲛鱼、荔枝，高祖报以（回送）蒲桃锦四匹"。看来，在张骞西域之行之前，中原人已从新疆引进葡萄了。只是因为张骞沟通了中原和西域的联系，中原人民更加广泛地种植葡萄，因而人们就传说是张骞引进葡萄，这是对沟通外界的使者的褒奖和神化。

核桃——古羌族最先驯化

核桃不仅好吃，而且是理想的滋补食物。特别是它补脑健脑的作用是别的果子无法相比的。核桃能补脑健脑，是因为核桃中蛋白质与脂肪的化学结构十分特殊，容易吸收。它的蛋白质中含有赖氨酸，它的脂肪中有丰富的磷脂，对大脑神经尤为有益。

核桃的原产地在我国西部地区。苏颂《图经本草》中说："此果本出羌胡，汉时张骞使西域，始得种还，植之秦中（陕西一带），渐及东土。"《太平御览》引刘滔母《答虞吴国书》说："胡桃本生西羌，外刚内柔，质似贤，欲以奉贡。"这里的"羌胡"、"西羌"指的是古羌族，其活动范围很广，新疆和西藏都有古羌族分布。核桃的驯化最早是由古羌族进行的。核桃又名羌桃，也叫胡桃，就是证明。

明代李时珍在《本草纲目》中对核桃又称"胡桃"，作这样的解释："此果外有青皮包之，其形如桃，胡桃乃其核也。羌音呼核如胡，名或以（因为）此。"他认为古羌族语称"核"为"胡"，核桃是吃里边的果肉——核的，所以叫"胡桃"。现代汉语中"煤核"也读作"煤胡"，可能是古羌语在汉语中的遗存。

今天的新疆和西藏都还有大面积的核桃林。新疆的野核桃林分布在塔里木盆地边缘的绿洲地带，著名的野核桃沟就在巩留县城东南部伊什格力克山北麓。这里生长着茂密的核桃林，面积达 2 700 多亩。这里的野核桃，壳薄仁满，品质优良，与现代型核桃相似，显然是许多栽培核桃的野生种。在西藏的错那县勒布区也有野核桃林。

由此看来，新疆和西藏是核桃的原产地，古羌族是最先把野生核桃驯化为栽培核桃的人们。西汉时，随着张骞出使西域，新疆、西藏和中原的联系有划时代意义的加强，古羌族驯化培育的核桃便大量地在内地种植了。

荔枝——南方民族最先栽培

荔枝是我国特有的珍贵水果，产于我国南方。它的果肉在新鲜时呈半透明凝脂状，多汁，味道甘美且芳香，但不耐储藏。荔枝人人爱吃，唐代杨贵妃就以爱吃荔枝闻名，唐玄宗每天叫人骑马送来新鲜荔枝，所以杜牧有这样的绝句："长安回望绣成堆，山顶千门次第开。一骑红尘妃子笑，无人知是荔枝来。"宋代苏东坡也很爱吃荔枝，诗中说："日啖（dàn）荔枝三百颗，不辞长作岭南人。"现在运输发达快捷，北方的水果摊上也能买到新鲜的荔枝了。

　　荔枝起源于我国岭南。迄今最早的荔枝标本是在广西合浦堂排二号汉墓里发现的，荔枝果皮、果核都保存完整。在古籍中，就有岭南野生荔枝的记载，说："苍梧多荔枝，生山中，人家亦种之。"古代的"苍梧郡"在今广西东南，设郡时间在 1 700 年前，虽然荔枝早已人工栽培，即"人家亦种之"，但仍有野生的荔枝。据调查，从广西的十万大山、六万大山、云开大山直到海南岛，都有野生荔枝，海南省的原生林中有大面积的野生荔枝树分布。

　　汉初，南越王尉佗给高祖刘邦进贡，贡的就是鲛鱼和荔枝。汉武帝时破南越，在上林苑移植从各地征集来的奇木异草，其中就有荔枝和龙眼，还把种荔枝的园林起名为"扶荔宫"，后来因为栽培失败而作罢。

人们都知道广西、广东、海南岛产荔枝，其实古代四川一带也产荔枝。古籍中说："荔枝、龙眼，生朱堤南广县、犍为僰（bó）道县，随江东至巴郡江州县，往往有荔枝树。"这指的是今宜宾南面和西南面一带，汉晋时是西南少数民族——僰人居住的地方。唐代白居易在《荔枝图序》中说："荔枝生巴峡间"，杨贵妃吃的新鲜荔枝就是从四川送到长安的。

由此看来，古代的越人和"西南夷"僰人是最早栽培荔枝的人们。

柑橘——南方民族的奉献

如今在全国各地的水果摊上，一年四季都有柑橘出售。通常所说的柑橘，包括橘、柑、橙、柚四大类，都是外面有一层漂亮的果皮，里面是月牙形的瓣儿组成一个圆球，瓣儿里是瓤肉，多汁、味美。

北方人最早不会吃柑橘，《晏子春秋》中就记载了齐国晏子出使楚国不会吃甜橙闹了笑话。楚王用特产甜橙招待他，为他准备了削刀。晏子不知道甜橙要切开吃，他好不容易剥了皮，囫囵吞枣地整个儿咽下去，噎得够呛。楚王说："应当用刀切开吃。"在这种庄严的外交场合，晏子确实露了怯。

柑橘是典型的亚热带果树，我国南方野生柑橘分布广泛，是柑橘类果树最早的驯化中心，这是我国南方民族的奉献。

早在先秦时代，《禹贡》就说扬州有"橘柚"。近年在广西贵县罗泊湾汉墓中发现了大体保存完好的柑橘种子。《太平御览》援引《异物志》说："橘为树，白花而赤实，皮既馨（xīn）香，又有善味。江南则有之，不生他所。"这里以长江划线，界线分明。那时，地方首领珍重地把柑橘包裹起来，送到中原王朝里进贡，可见柑橘是南方的特产。从汉武帝时，在百越民族地区设置橘官，主管征收每年向朝廷进贡的橘子。

古代长江中游的楚国，也是盛产橘柚的地方。《吕氏春秋》说："果之美者，……江浦之橘，云梦之柚"。屈原有《橘颂》，其中有"生南国兮"之语，表面上咏物，实际上是诗人的自赞。《史记》中说"蜀汉及江陵千树橘"，收入可"与千户侯（有 1 000 户封地的侯爵）等"。可见在秦汉时蜀、楚柑橘的规模和收入之可观。在长沙马王堆汉墓中，记载死者随葬品的竹简上有"橘一笥"字样，"笥"（sì）是装饭食或衣物的竹器。用一篮子橘子随葬，可见橘子是当时墓主常吃之物。

蜀地产橘。西汉扬雄的《蜀都赋》有"橘林"之语，晋代左思也写《蜀都赋》，称那里"户有橘柑之园"。看来，当时蜀地种植柑橘很普遍了。据《华阳国志》记载，巴郡江州——今四川、湖北相邻的三峡一带，都有橘官，可见那里种橘之多。

甜瓜、西瓜——多民族的奉献

古代单说的"瓜"，一般指甜瓜，是当水果吃的，也称果瓜。北魏《齐民要术》中引《广志》的话说："瓜之所出，以辽东、庐江、敦煌之种为美。"

1972年在长沙马王堆汉墓的一具保存完好的女尸的食管里，发现了138粒半甜瓜籽，籽粒外形完整，呈褐黄色，经鉴定，与我们今天栽培的甜瓜种子完全相同。有人考证，死者是一位苗族妇女。看来，楚地栽培甜瓜历史悠久，最初在这里种甜瓜的，应是当地的少数民族。

据报道，在古越族活动的浙江两个新石器时代的遗址中，都出土了甜瓜籽，经测定，距离现在有4 700年左右，这是目前已发现的最早的甜瓜遗存了。晋代的文献说，"永嘉美瓜，八月熟。至十一月，肉青瓤赤，香甜青快，众瓜之胜（最好的）。"这里说的永嘉，就在浙江，是古代百越之地。古越族种甜瓜可谓源远流长。

西北的甜瓜最有名的是哈密瓜。哈密瓜的得名是在清代，清代《回疆志》说："回人（清代时'回人'也指维吾尔族等西部民族）最喜种瓜，熟时老少男女恣意（任意地、使劲地）饱啖，以抵饭食。"1959年在新疆吐鲁番高昌

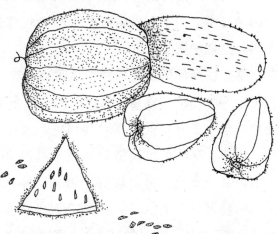

古城的一座晋墓中，出土一个干缩的甜瓜和瓜子。在另一个唐墓中又

发现两块甜瓜皮，那瓜子和瓜皮的网络和现在的哈密瓜一模一样。可见吐鲁番一带栽培哈密瓜历史很早。这是新疆维吾尔族及各民族奉献给祖国农业文化宝库的一份珍品。

西瓜是夏天消暑佳品，瓤多汁甜，利尿止渴，有"热天半块瓜，药剂不用抓"之俗语。

西瓜的故乡在非洲撒哈拉大沙漠。现在，全世界的热带、亚热带、温带的广大地区都有种植了。在我国，首先种西瓜的也是少数民族。

五代时的文献说"契丹从回纥得此种"。回纥是西北民族，是新疆地区少数民族的先民。是西北民族把西瓜子传入内地的。西瓜的得名也可以说明这一点。《农政全书》说："西瓜种出西域，故名。"

古代楚蜀吴越的水利工程——各族人民的创造

土地是农业生产最重要的生产资料，而水和土又是不可分的。古语说："衣食所生，水与土也。"我国人民早就懂得这个道理，农田水利事业起源很早。

作为汉族前身的华夏族活动的黄河流域，在战国以前水利的重点是防涝排涝。用于农田灌溉的水利工程首先出现在以苗蛮族为主体的楚国，这就是期思陂（bēi）。

期思在今河南东南部固始县西边，淮河流域，属楚国。"陂"就是池塘。"期思陂"，就是在淮河支流史河东岸凿开一个决口，引水向北，形成一条人工开挖的水渠，称清河。又在史河下游开渠引水，称为湛河。用清、湛两条水渠把期思之水引入众多的中小池塘，以灌溉史河和淮河又一支流灌河之间的原野。这样，灌溉用水由河入渠，由渠入陂，由陂入田，史称"期思陂"。其中清河长45千米，湛河长20千米，加起来65千米，后世把这个灌区称为"百里不求人灌区"。

期思陂的兴建，在公元前605年以前，这就比魏国修建漳水十二渠早200多年，所以我们说它是我国最早的农田水利工程。

　　比期思陂稍晚修建的，是古蜀国鳖灵在成都平原的治水工程。

　　成都平原是由内海淤积而成的，主要河道是岷江。岷江流经水源丰富的川西北地区，在灌口陡然进入平原，好像一匹全速前进的骏马猛然一停似的，挟带的泥沙在此沉积，水流无路可走，就要发生水灾。生活在这里的蜀族和后来迁到的楚族很早就和水灾作斗争。规模较大的治水工程是从公元前6世纪中叶开始。《蜀王本纪》中说："时玉山出水，若尧之洪水。望帝（蜀王杜宇）不能治，使鳖灵决玉山，民得安处。"《华阳国志·蜀志》也说："决玉垒山以除水害。"玉山就是玉垒山，"决玉垒山"，就是凿开玉垒山，也就是利用玉垒山的天然裂缝，把岷江水加以疏导，分引到一条人工河流——沱江中去。"决玉山"和"开沱江"就是鳖灵治水的主要工程，它为后来的驰名中外的都江堰水利工程奠定了基础。

　　鳖灵治水比李冰在蜀治水要早上300年，这说明春秋战国时期南方少数民族在农田水利方面是先进的。

在春秋时期，我国就开始开凿人工运河。我国是世界上最早开拓运河的国家，而我国最早开凿运河的是徐、楚、吴、越等少数民族建立起来的"诸侯国"。

《水经注》引《徐州地理志》说，春秋时徐偃王"欲舟行上国，乃通渠陈、蔡之间"。徐国是东夷诸国中最强大的，其势力范围在汉水以东。徐偃王公元前7世纪下半叶在位，他下令凿开的陈、蔡之间的沟渠，大概是我国最早的人工运河。

楚国兴修的运河有楚灵王时的运河和吴师伐郢时开挖的子胥渎（dú）。楚灵王在公元前540－前529年当政，他下令在郢都附近修建石郭，把汉水围住，使之构成一个湖，又在湖边开渠通章华台，可以通船，改善了郢都附近的水运条件。

子胥渎就是伍子胥带兵开挖的运河。"渎"，就是沟渠、水道。楚昭王（前515－前498年）时，伍子胥率领吴国军队攻打楚国。当时楚国的江汉之间是一片沼泽，水大时浩渺（miǎo）无际，水小时浅滩片片，伍子胥赶到云梦泽时，正是冬天，泽水浅落，他难以用船载兵追击楚军，但又不能就地屯兵等待第二年的桃花水，只好兴师动众，开挖运河。

邗沟桥

吴王夫差打败楚、越两国后，为了北上与齐、晋争霸，于公元前486 年下令开挖邗（hán）沟。它南自今江苏扬州市南边长江北岸起，北到今清江市北的淮河南岸。它的特点是利用这一带湖泊棋布、河流纵横的自然形势，用人工渠道巧妙地将它们沟通，把长江和淮河连接起来。

修梯田、稻田养鱼——南方民族的创造

我国是一个山地多平原少的国家，在我国土地开发史上，山地开发在农业生产中占有重要的地位。梯田又是我国古代山地开发中比较进步的一种方式。

什么是梯田？用南宋范成大的话说，就是"岭坂上皆禾田，层层而上至顶，名梯田。"它是将自然坡面修削成阶梯的样子，每层田面略呈水平，边上筑有田埂，以便保持水土和引水灌溉。

最初，原始农业是从山地开始的。那时实行刀耕火种。一般在春季砍伐山林，这叫"刀耕"。将砍下的林木、荒草烧毁，在留有灰烬的土地上播种，这叫"火种"。田块依坡面的天然形状，呈斜坡状，无须人工修治规整。但这种坡状山地只能种旱禾，不能种水稻。

南方很多少数民族都是稻作民族。天然的坡地不适于种植水稻，梯田便是他们改造土地的一种创造。唐代人樊绰写的《蛮书》中说："蛮（指少数民族）治（整治）山田，殊为精好"，"灌田皆用源泉，水旱无损"。

居住在云南山区的少数民族，一直保持着修筑梯田的传统。其中最著名的有哈尼族。他们从选择土地到开沟、砌埂都有成套的经验，选择土质好、水源充足而又向阳的斜坡地带开田。砌筑田埂从最下层开始，一般用黏土掺和石块垒筑，再精心捶夯（hāng），使之牢固、整齐，不溃决，不漏水。灌溉的水源多在梯田上方的山沟里。修条沟渠把水源引下来，顺序灌溉。

在白族聚居的云南洱海地区的史前遗址中，已发现原始梯田。大概在4 000多年前的新石器时代，那里的居民已开始营造梯田种植水稻了。而在内地，大约在唐宋以后，由于山地过度开垦造成水土流失日益严重，梯田才受到重视，逐步推广。

南方民族以"饭稻羹鱼"著称，"饭稻"就是以米饭为主食，"羹鱼"就是以鱼作汤。养鱼最早是南方民族的"专利"。他们既盛行池塘养鱼，也精于稻田养鱼。

关于稻田养鱼的最早记载是曹操的《四时食制》，其中说"郫（yùn）县子鱼，黄鳞赤尾，出稻田"。

稻田养鱼的优点是，鱼能吃杂草，鱼粪能肥田，有助于水稻生长。

如今，南方各民族还习惯于稻田养鱼。他们在收割水稻后，要在田里养些鲤鱼，为了防止鱼群冻死或被飞禽、鸭子捕食，就在水田中心搭"鱼棚"，或用树枝遮挡，或用稻草捆成"人字窝"，或用木柴搭架盖上稻草，"鱼棚"中心挖一个坑，使鱼能安度冬天，第二年产卵繁殖。

骏马由多民族培育

我国名马多，它们大多是少数民族培育的。

蒙古马是名马之一。它是由蒙古草原上各游牧民族长期培育出来的优良马种。蒙古草原是我国古代游牧民族主要的活动舞台，马则是他们重要的牲畜之一。这里先秦时就盛产名马，所以古人说"冀（今河北）土之北，马之所生"。公元前200年时，匈奴人曾以40万骑兵攻击汉高祖刘邦，可见当时匈奴养马之多。到了唐代，蒙古草原各部落所养的马被称为突厥马，《唐会要》中说："突厥马技艺绝伦，筋骨合度（灵活），其能致远、田猎之用无比。"近、现代最有名的蒙古马有两种：一是乌珠穆沁马，晚清袁珂在《清稗类钞》中说："蒙古多良马，乌珠穆沁旗之佳者，每匹价值数百金。"二是乌审马，产于河套地区伊克盟乌审旗。

我国古代的西域，一直盛产良马。西域是中原王朝良马的主要供应地之一。历史上的西域良马，最著名的是大宛马和乌孙马。现代的哈萨克马，或称伊犁马，就是乌孙马的后代，培育这种优良马种的是哈萨克族人民，他们游牧于伊犁河谷一带。经过他们改良的乌孙马叫哈萨克马。人们又习惯把经过改良的哈萨克马称为伊犁马。在40多年的改良马种中，伊犁马是首屈一指的。

甘肃、青海一带历来也是中原马匹的供应地。西汉时曾在这里建立马苑。唐宋以后中原人对这里的马匹资源更为重视，唐高宗时吐谷（yù）浑仍向唐朝廷献名马。在宋代，中原人常以茶叶换这里的马匹，蕃马被认为是最好的。这种马主要产于甘南藏族地区，而古代藏族政权为"吐蕃"，所以称为蕃马。又因它经秦州运进中原，所以又称秦马。

西南也盛产马，西南马历史悠久。成都羊子山战国墓曾发现铜马衔和辔饰，当地养马一定在这以前，那时这里的名马叫筰（zuó）马。唐代这里的名马称"蜀马"，是筰马的后代，其形体矮小，善于走山路。

云南也盛产马，在出土的战国时期的文物中，有很多马的形象。宋代大理马驰誉远方。诗人范成大说："蛮马，出西南诸蕃，……大理马为西南蕃马之最。"元代意大利人马可·波罗在游记中谈到云南大理马时说："这个省繁殖着许多最好的马匹。"明清，云贵一带养马业久盛不衰，清人檀萃说："南中民俗以牲畜为富，故马独多。"当时的名马是水西马和乌蒙马。水西马主要产于贵州鸭池河以西地区，乌蒙马产于云南昭通地区，这一带主要居住的是彝族、苗族先民。

《淮南子》上说："胡人（北方游牧民族）便于马，越人便于舟"，所以后世有"南船北马"之说，这在一定意义上说是对的。但这不等于说南方民族不会养马。南方养马业的开始不晚于春秋时期，最初是毗邻中原的楚，接着是长江下游的吴、越。战国时楚灭越，部分越人南迁，养马业便随之向南方沿海发展。到了宋代，广西成了中原官民交易西南马的中心地区，大量西南马传到这里，经当地各族培养，形成新的马种。果下马便是名马之一。

果下在广东西部罗定县。清人屈大均在《广东新语》中说："罗定之罗镜，西宁之怀乡，产小马，高仅三尺，可骑行树下，名果下马。……能负重凌高蹑险，轻疾如飞。"

布达拉宫——"世界屋脊"上的宏伟建筑

在拉萨古城之西，有座布达拉山，山上建有布达拉宫。它是一座有 13 层楼，高 117.19 米的古建筑群，是"世界屋脊"上最宏伟的建筑群，成为西藏的代表性标志。

布达拉山，最早称红山。公元 7 世纪初，吐蕃王朝的缔造者松赞干布"筑王宫于红山顶居之"，建房 1 000 间，规模十分宏伟。后来，因雷电火灾和战火袭击，原先的建筑毁坏殆尽，只剩下两处遗迹。现在的布达拉宫，基本上是清代的建筑。

布达拉宫占地 41 公顷，是以白宫和红宫两个部分组成的。从它修建时起，就以外表粉饰的红白不同颜色严格区分。

红宫的主体建筑是达赖的灵塔殿和各类佛堂。本来，藏族人死后多数实行天葬或水葬，只有达赖圆寂实行"塔葬"——用盐涂抹尸体，使之脱水，再涂香料，待干枯之后，放入塔内。从五世达赖开始，先后有 8 位达赖圆寂后在这里实行"塔葬"，修建了 8 座灵塔。其中最大的是五世达赖的灵塔。

它是清康熙廿九年（1690）修建的，塔高 14.85 米，塔身用金皮包裹，以珠宝镶嵌（qiàn），珠光闪闪，辉煌炫目。单是这座灵塔，就花费黄金 11 万两，还有无数珠玉玛瑙。

达赖灵堂的东侧，是司西平措殿堂。在这个大殿内，有一对巨大的锦缎绣幔，分别绣有喇嘛教格鲁派（黄教）创始人宗喀巴和五世达赖像。为了织造这对锦幔，康熙皇帝特令建造一家织造厂，用金线编织，费时一年之久，耗费银子1.6万两。康熙卅五年（1696）这对锦幔被送到拉萨，作为康熙皇帝祝贺红宫落成的礼品。由于这对锦幔精美无比，被传为布达拉宫的稀世之宝。

司西平措二楼的画廊，堪称是一个壁画展览会。里面的近700幅壁画，反映了西藏的风貌和人民生活，也描绘了当年修建布达拉宫的情景。

从司西平措画廊登上三楼，就来到布达拉宫最早的建筑物——曲结竹普。它是7世纪时松赞干布初建布达拉宫的产物之一。

白宫在红宫之东，是一座政权性质的建筑群。包括历辈达赖喇嘛居住的宫殿、摄政王和达赖经师的寝室、西藏地方政府——"噶厦"办公用房等。

白宫最大的宫殿藏语称"措木钦厦"，是后世达赖举行坐床（藏传佛教前世活佛死后，转世灵童接替其地位的升座仪式）、亲政大典等重大政治和宗教活动的地方。殿内保存着清朝顺治皇帝册封五世达赖为"西天大善自在佛所领天下释教普通瓦喇怛喇达赖喇嘛"的金册金印。

白宫的顶层是达赖喇嘛的两座寝宫，一东一西。这里的宫殿采光面积很大，从早到晚，阳光灿烂，所以叫东西日光殿。殿内到处珠光宝气、豪华的陈设——金盆玉碗、绫罗绸缎，令人眼花缭乱。跨出殿门，便是阳台。凭栏远眺，群山起伏，拉萨河静静流过，田垄阡陌（qiān mò），绿树垂荫，农舍炊烟，气象万千。

布达拉宫，不仅以建筑的成就而著称，还以辉煌的艺术作品和珍贵文物而闻名。宫内有大量雕塑、壁画，珍藏有108函2 500多卷经书，其中包括精刻藏文大藏经、金字缮写的甘珠尔（藏语音译，"经部"——大藏经两大组成部分之一），天竺（zhú）等地的贝叶经，都是稀世之宝。布达拉宫堪称为一座艺术博物馆和文化宝库。

布达拉宫是藏族劳动人民的伟大创造，是他们智慧和力量的象征，也是藏汉民族团结、文化交流的历史见证。仅修建红宫，就动员了将近 7 000 名技术工匠，其中很多人是清朝廷特派进藏的汉族工匠。

大昭寺——汉藏建筑艺术的合璧之作

在拉萨旧城中心，有条街，很有名，叫八角街，又名八廓街。

八角街是怎样热闹起来的呢？这得从全国重点文物保护单位之一——大昭寺说起。

大昭寺始建于唐太宗贞观廿一年（647），是松赞干布根据文成公主的建议着手修建的。7 世纪初叶，松赞干布先后兼并青藏高原各族、部，定都拉萨（当时称逻些），发展生产，创造文字，制定法律，组建军队，建立了吐蕃王朝。他先迎娶尼泊尔的尺尊公主，唐贞观十五年（641）又迎娶唐朝文成公主。这座寺庙相传是唐文成公主亲自设计，同尼泊尔尺尊公主共同兴建的。

殿宇采用唐代梁架、斗拱等建筑形式，兼有尼泊尔和印度的建筑风格。殿高 4 层，坐东向西，上覆金顶梵轮，光彩夺目。寺内有殿堂数十间，正殿内供奉文成公主从长安带去的释迦牟尼 12 岁时等身镀金佛像。西侧配殿供有松赞干布、文成公主和尺尊公主等人塑像及佛像，形象逼真，雕塑精美。四周走廊和殿堂内布满壁画，其中《文成公主入蕃图》《修建大昭寺图》等具有较高的历史和艺术价值。

关于大昭寺的建造，在藏族人民中流传许多有趣的故事。传说松赞干布把文成公主看作是天神救度母的化身。在修建大昭寺时，松赞干布亲自挥斧上梁，以致惊动九天之神，他们纷纷前来帮助。有一天，女仆来工地送饭，只见上上下下都是松赞干布，真假难辨，不禁大惊失色，赶忙折回，禀告尺尊公主。尺尊公主将信将疑，便亲自前往送饭。一见，果然如此，惊讶得脱口而出："怪哉！"这一声，被骑在梁上的松赞干布听到了，他扭头下望，手中斧头不慎斜挥，把承檐的人面狮身像的鼻梁削平了。今天，如果你到大昭寺观瞻，仍然可以看到，这里的108个人面狮身伏兽的鼻子，无一不是扁平的。

唐贞观廿二年（648），经过紧张的施工，大昭寺建成。文成公主与松赞干布亲自在庙门外栽插柳树，这就是著名的"唐柳"。

从此，各地信奉佛教的善男信女纷纷跋山涉水前来朝拜。7世纪末，在大昭寺四周，已出现旅舍、民居，人来人往，极为频繁，以大昭寺为中心的八角街初具雏形。八角街就是这样热闹起来的。

唐代大昭寺的规模还不大，仅有8个殿堂。现在大昭寺的建筑面积却有2.5万平方米，这是经元、明、清几代逐步扩建的。

大昭寺是汉藏建筑艺术的合璧之作。以主殿为例，其梁架、斗拱，都采用汉族古典建筑中的老式做法。但其柱头檐部的装饰却是典型的藏族风格。镏金殿顶的结构，也都巧妙地糅合了汉藏建筑风格。

大昭寺保存着大量的珍贵文物，除文成公主带到西藏的释迦牟尼金像最著名外，唐代的丝织佛像、元代的大银灯、明代的珍珠佛衣和金灯，都算得上稀世珍品。

大昭寺正前方，树立着一座 3 米多高的石碑，以汉藏两种文字书写，记述了唐蕃结成舅甥之好的经过。这叫"唐蕃会盟碑"。它是唐穆宗长庆三年（823）时建立的，至今已屹立了 1 000 多年。

扎什伦布寺——汉藏文化交流的见证

在西藏日喀则城西二三千米的一座山上，有一片依山而筑，宫殿重叠，毗连错落，金碧辉煌，红白相映的建筑群。这片建筑群就是西藏最大的寺院扎什伦布寺。

扎什伦布寺最初的藏语原名为"康建曲批"，意为"雪域兴佛"。建成后定名为"扎什伦布"，意为"吉祥须弥"。现为全国重点文物保护单位。

扎什伦布寺最早建于明朝英宗正统十二年（1447）。当时宗喀巴的弟子一世达赖根敦朱巴，为了纪念去世的经师，请人在日喀则精心制作了一尊高 2.7 米的释迦牟尼镀金铜佛像。为安放这尊佛像，又花费 12 年时间建起扎什伦布寺。

按喇嘛教格鲁派（黄教）的规定，扎什伦布寺可有常驻僧人 3 800 人。现有喇嘛近千名。在全国来说，也算得上大寺院。

扎什伦布寺占地 18.5 公顷，寺庙的中心是殿堂区。主殿叫"措钦大殿"，是这里最早的建筑，历时 12 年才建成。一进门，有一个广阔的讲经场，约有 500 平方米。四壁墙上，有用石头凿成的 1 000 个佛像，形象不尽相同，大小基本一样，全部穴居洞壁。整个讲经场都用喜马拉雅山麓的片石铺成，是历代班禅对全寺僧人讲经的地方。

大经堂在广场的台阶之上，有48根柱子，可容纳2 000人在这里念经。里面有班禅的宝座，揭开罩在宝座上的缎子，可以看到雕塑得十分精美的宝座、屏风和扶手。

扎什伦布寺的西侧，矗立着一座近30米高的佛殿，叫强巴殿，有7层，建筑面积有860多平方米，是九世班禅在1914年主持修建的。殿内供奉一尊26米高的镀金的强巴佛铜质坐像。其面长约4.2米，耳长2.8米，手掌宽约1.6米，中指长1.6米，脚板长4.2米，肩宽11.4米，鼻孔内可容纳一人。强巴佛的眉间白毫，就用了大小钻石31颗。这尊铜像是由110位工匠历时4年建造的，花费黄金6 700两，黄铜23.175万斤。这座佛像雍容大度，生动威严，又以其高大居全国之首。

扎什伦布寺内建有四至九世班禅的灵塔及灵塔殿堂。最豪华的灵塔殿是四世班禅的。他的灵塔建于清代康熙五年（1666），高11米，历时4年多，花费了黄金2 700多两，白银3.3万两，铜7.8万斤，绸缎0.9万尺，还有珊瑚、珍珠、玛瑙共0.7万颗。

在四世灵塔殿的西边，有七世班禅下令修建的"甲纳拉康"殿，即"汉佛堂"。汉佛堂楼上，有乾隆皇帝的巨幅画像，这画像是北京紫禁城的原作。画像前侧，立有一块牌位，写着"道光皇帝万岁万岁万万岁"。供奉皇帝牌位，说明当时的君臣关系。

在皇帝画像和牌位旁的偏殿，有个会客厅，是清朝驻藏大臣与班禅会见的地方。每次皇帝传下圣旨，班禅就在此接旨。班禅听了圣旨，要到皇帝画像和牌位前面叩头谢恩，再回会客厅与驻藏大臣喝茶、叙谈。

汉佛堂还有一个陈列厅。用玻璃橱陈列着历代班禅到内地拜会皇帝时得到的皇帝赐品，包括永乐古瓷、元明织品、玉石如意、金银酒杯、茶碗碟盘、佛像佛珠等。其中有一串嵌有宝石的佛珠，是清朝皇帝送给七世班禅的，现在依然保存完好。

塔尔寺——西北地区藏族文化艺术的宝库

到青海省省会西宁的旅游者，往往要到距西宁25千米的湟中县塔尔寺参观。

塔尔寺，也写作"塔儿寺"。藏语称"衮（gǔn）本"，意思是"十万佛身"。这里是喇嘛教格鲁派（黄教）的圣地，占地600多亩，寺庙建筑36座，最盛时寺僧有5 000多人。

元代至正十七年（1357）格鲁派创始人宗喀巴诞生在湟中县，明代洪武廿一年（1388）他改革喇嘛教，永乐七年（1409）创立格鲁派。这一派僧人都戴黄帽，俗称黄教。塔尔寺就是为纪念宗喀巴而修建的。

塔尔寺由大金瓦寺、小金瓦寺等建筑组成。

在大金瓦寺的中心有座大银塔。传说宗喀巴出生的时候，他的母亲把胞衣埋在这里，不久这里长出了一棵菩提树，树上有10万片叶子。每片叶子上出现了"狮子吼佛像"一尊，共有10万尊佛像。塔尔寺藏语意为"十万佛身"，就是源于这个传说。出于对佛的尊崇，后人在这里建立了一个小塔。明代嘉靖三十九年（1560），又在小塔的基础上，建造了大银塔。大银塔为覆钵（bō）式，高12.5米，以白银镶面，并嵌以珠宝，银光闪闪，所以称为大银塔。

在塔尔寺的前院，有一排如意宝塔。塔虽不大，但由8个窣（sū）堵波式塔相连排列，气势雄伟，它反映了释迦牟尼从降生到涅槃的八大事件。

大金瓦寺、小金瓦寺的殿顶都用镀金金叶盖成，光彩夺目。

塔尔寺的大银塔、如意宝塔和小金瓦寺前面广场上的太平塔，都是典型的喇嘛塔。而大金瓦寺和小金瓦寺的大殿，又是典型的汉族建筑风格，是汉藏文化交流的历史见证。

塔尔寺内保存有大量珍贵文物，其中以宗喀巴的遗物最为珍贵。被誉为塔尔寺"三绝"的酥油花、壁画、堆绣是精美的工艺品，在国内外享有盛誉。

每年正月十五，塔尔寺都要举行盛大的灯节晚会，附近的藏、蒙、土、汉等各族群众成千上万，云集这里，瞻仰朝拜。

总之，塔尔寺是汉藏文化交流的历史见证，是我国西北地区保存藏族古代文化艺术的一个宝库，其建筑之精美，保存之完整，在黄教六大寺院中可算得上第一。

傣族竹楼——别致的民居

当我们来到云南西双版纳，会看到大河两岸，小溪近旁，翠竹环绕，绿荫覆盖，香蕉叶绿，菠萝金黄，显现出亚热带风光。在一簇簇树丛中，隐现出一幢幢玲珑别致的竹楼。一座竹楼就是一个傣族家庭。

这里的傣族村寨，一般有二三十户或六七十户。竹楼建筑面积一般为六七十平方米，多呈正方形。支撑的木柱一般有21根，分列3排。房梁也用木料。墙壁、楼板都用竹子。房顶过去多用茅草苫（shàn）盖，现在多改用瓦了。楼分上下两层，楼板距地面约2.5米。

下层四周不装壁板，白天是鸡鸭活动的场所，到了傍晚，放牧的牲畜回来了，就拴在除中柱以外的几根柱子上。从前，各户要自己舂米，所以楼下都安有一副脚踩的石碓（杵臼），如今兴用机器碾米，楼下就更宽敞了。这里可放大农具。也是妇女们纺线、纳凉的地方。楼梯一般为9级，多安在竹楼的一端。

上楼后，先是走廊，正面为阳台，是洗晒衣服，放水缸，洗米，腌菜和洗漱的地方。室内用竹墙隔成两部分，外为堂屋，内为卧室。

堂屋比较宽敞，中间安火塘。火塘是傣族人家庭生活的中心，做饭，煮茶，烧菜，吃饭，饮茶，招待客人都在火塘进行。如果客人需要住宿，在堂屋边沿打几床地铺也绰绰有余。

由于过去"人"字形茅顶坡度很大，屋内光线受到阻挡。如今改成瓦顶，开了天窗，屋里就明亮多了。

竹楼四周有很大一片空地，外围篱笆，空地上种着香蕉、木瓜、柑橘、芒果、椰子等亚热带瓜果，四季飘香，有如一个小小的天然花园，很有情趣。

傣家人生活在这种竹楼里，既可避雨季的潮湿，又可免暑季的酷热，是他们因地制宜的一种创造。

傣族是古代百越民族的一支，西汉《淮南子》说："南越巢居"，唐代樊绰推说傣族先民"楼居"，宋代周去非《岭外代答》说他们"编竹苫茅为两重，上以自处，下居鸡豚（tún）"。可见，傣族的竹楼已有很久的历史了。

不用一钉一铆的侗族风雨桥和鼓楼

侗族居住在贵州、湖南、广西毗邻地带和湖北西部的一些县市。侗寨依山傍水，不用一钉一铆的风雨桥和鼓楼最具特色。

侗族住在河谷溪边，寨边非溪即河。在最当道的溪河上，人畜来往频繁，为免去涉水之苦，侗族人喜欢在溪河上建造风雨桥。来到桥上，可避风雨，所以叫风雨桥。

在河中砌筑一个或几个坚不可摧的石墩承重，墩上建桥，桥身为全木结构，榫卯相接，连一根铁钉也不用。桥面宽数米，以厚木板铺设，人畜踏行，如履平地。通廊连贯，两侧以长板作凳，供行人途中小憩（qì），最外侧板壁和栏杆相间，保护安全。

侗寨风雨桥现存最多的要数广西三江侗族自治县，1987 年时还有108 座。其中最有名的是作为全国重点文物保护单位之一的程阳桥，它与河北赵州安济桥、江苏苏州宝带桥、四川灌县珠蒲桥并称为我国古代四大名桥。这座桥五墩四孔，每墩上都筑有桥亭，以长廊连贯。这五座桥亭，中心的是五层六角形亭阁，两侧的是五层四角形亭阁，两端为五层殿形楼亭。这些桥亭，重檐联阁，远看犹如一排高耸的巨杉，很有气派。所以诗人郭沫若1965 年有诗咏叹道：

艳说林溪风雨桥，

桥长廿丈四寻高。

重瓴联阁怡神巧，

列砥横流入望遥。

竹木一身坚似铁，

茶林万载出新苗。

何时得上三江道，

学把犁锄事体劳。

侗族喜欢聚族而居，一个姓氏（或一个家族）修一座鼓楼。侗语最早称鼓楼为"百"，意为"扎堆"、"聚集"。可见最早它只是人们农闲时聚谈的场所。后来侗语又称为"堂瓦"，意为"公共场所"，鼓楼发展成聚会、议事、断案、社交、娱乐的地方。再后来安放有鼓，以鼓为号，集合村民，就叫鼓楼。

侗族鼓楼以亭阁式为多。其平面都是偶数，正方形、六边形、八边形。立面则为奇数，重檐，少则 3 层，多则十几层，20 多米。中间 4

根主承柱，直插顶端，象征四季平安。旁边有的为8根环柱，象征八面祥风，村寨平安。有的为12根环柱，象征月月吉祥。还有上百根挂柱，如众星捧月。大大小小的枋条从不同角度向挂柱、环柱和主承柱横穿卧挂，把所有柱子联为一体。主承柱的卯眼可达几十个。整个鼓楼不用一根铁钉，全靠榫卯相接，却坚固无比，历经百年而不倾分毫。瓦檐上有多种吉祥物，如飞龙、麒麟、凤凰。横梁上画着鸟鱼虫草，色彩斑斓。还有葫芦宝顶直指苍穹（qióng）。有的建有楼梯，可登高远眺，山川风物，小桥人家，一览无余。底层为活动场所，中心是火塘，四周是长形条凳，柱上是楹联，四壁有壁画。

风雨桥和鼓楼建筑艺术最令人叹为观止的是：它不用一钉一铆，却高高耸立，岿然不动；工匠在建造时，事先并无图纸，只靠主工匠的一把竹片，竹片上写些符号，众工匠按竹片上的符号施工，最后拼装树立，却能严丝合缝。

鼓楼像一棵亭亭玉立的巨杉，风雨桥像成排的巨杉。巨杉"生命之树常绿"，郁郁葱葱，傲然屹立，人们希望侗寨也像巨杉那样青春永葆，吉祥如意。由此看来，侗族的风雨桥和鼓楼应当是侗族原始宗教的产物，应当是有很悠久的历史了。

吊脚楼——西南地区的古老建筑

吊脚楼，是苗族、壮族、布依族、侗族、水族、土家族等族传统民居，而且已经成为各地有名的人文景观。各民族的吊脚楼有着许多相似之处，但也各具特色。我们来了解一下苗族的吊脚楼吧。

苗族的吊脚楼在凤凰古城东南的回龙阁一带，前临古官道，后悬沱江上。一幢幢吊脚楼，鳞次栉比，层叠而上。吊脚楼的一端以河岸为支撑点，另一端则悬在水面，高高的悬柱立于水中作为撑持，充满着一种力量的美。

苗族吊脚楼是干栏式建筑在山地条件下富有特色的创造，属于歇山式穿斗挑梁木架干栏式楼房。吊脚楼一般以三间四立帖或三间两偏厦为基础，低的七八米，高的达十三四米。吊脚楼的板壁用刨光的杉木板封装。一般分为3层，一层都用作家畜和家禽的栏圈，以及用来搁置农具杂物等东西。二层住人，正中间为堂屋，这是家庭的主要活动空间，也是宴会宾客笙歌舞蹈的场所，所以堂屋楼板要加厚，两侧的立帖要加柱，每排房柱5至7根不等，在柱子之间用瓜或枋穿连，组成牢固的网络结构。按传统，祖宗圣灵的神龛要设在二层的中柱脚。中柱一定要用枫木，因为枫树是苗族的生命图腾树，是象征祖先灵魂的圣树。苗族人民认为在吊脚楼里有祖先的圣灵日夜庇荫，阖家方能兴旺发达，人人皆可健康平安。二层的左右侧房是卧室和厨房。每间的窗棂子用木条拼成形状不同的图案。各间的房门均为独扇，唯有堂屋大门是两扇的。据说富裕人家还在大门上刻有龙凤浮雕。大门上方，两头安装有两个门当木雕，门当的另一头做成牛角，俗称"打门锤"。有的苗家还在侧间设有火坑，冬天就在这烧火取暖。火炕边用硬木板铺成地楼，离地高尺许，此外不准生人随便上去。到苗家做客，若主人没有招呼坐下，万不可在火炕旁凳上就座，因为火坑旁是苗家安灵设位祭祖之地。主人请坐之后，须擦掉鞋底上的泥土后坐下。最上一层很矮，只放粮食和种子不住人，也就是一家人的仓库。

大多数吊脚楼在二楼地基外架上悬空的走廊，作为进大门的通道。堂屋外的悬空走廊，安装有独特的S形曲栏靠椅，苗语叫"嘎息"，民间有一美称叫"美人靠"，这是因为姑娘们常在此挑花刺绣，向外展示

风姿而得名。其实"嘎息"还用作一家人劳累过后休闲小憩、纳凉观景、讲述传承苗族神话和迁徙历史，以及演唱《苗族古歌》、"嘎百福歌"的多功能凉台。

苗族吊脚楼的屋顶除少数用杉木皮盖之外，大多盖青瓦，平顺严密，大方整齐。

苗族吊脚楼的这种独特建筑工艺体现了很高的实用价值和观赏价值，是苗族先民智慧的结晶。吊脚楼之美，源于自然之美，更是自然美与艺术美的最佳融合。

客家土楼——中华文化瑰宝

"客家土楼是中华文化瑰宝，是大家庭、小社会和谐相处的典范，一定要把祖先留下的这份珍贵遗产守护好、传承好、运用好！"这是胡锦涛总书记视察永定客家土楼时，对客家土楼的称赞。我们只有对土楼有更多的了解，才能更好地守护它，传承它。要想真正地认识土楼，我们就从客家文化说起。

客家文化的主体是汉文化，因为她更多保持着汉文化的基本特征，但在不少方面也受到土著文化的影响。客家人原是"中原"一带汉民，因战乱、饥荒等各种原因被迫南迁，至南宋时历近千年，辗转万里，在闽、粤、赣三省边区形成客家民系。在他们被迫离乡背井，流离他乡的过程中，经历了千辛万苦，许多困难都依靠自己同心协力、团结互助、共渡难关。因此，他们每到一处，本姓本家人总要聚居在一起。这样也就形成了客家民居独特的建筑形式——土楼。

风格奇异的土楼以其独特的造型、内敛的装饰和鬼斧神工般的建造工艺世所罕见，因其大多数为福建客家人所建，故又称"福建土楼"，是世界上独一无二的建筑。

土楼是以土作墙而建造起来的集体建筑，呈圆形、半圆形、方形、四角形、五角形、交椅形、畚箕形等，各具特色，其中历史悠久的圆楼——承启楼在 1981 年被收入中国名胜辞典，号称"土楼王"。

据传从明崇祯年间破土奠基，至清康熙年间竣工，历时 3 代，半个世纪，其规模巨大，造型奇特，古色古香，充满浓郁的乡土气息。相传在建此楼的过程中，凡是夯墙时间均为晴天，直至下墙枋出水后才下雨，遂顺利竣工，因此承启楼又有天助楼的别称，为承启楼增添了一层神秘的光环。因承启楼得以保存，才使得今天的我们可以一睹圆楼的风采。

承启楼位于高头乡高北村，为江氏一族建于清康熙四十八年（1709），楼内最多时曾居住 80 余户人家，有 600 多人。南门横额上题着"承启楼"，这样 3 个字是今人江静波教授补题。楼门配着一副联："承前祖德勤和俭，启后孙谋读与耕。"楼名的得来，用意都在里面了。

承启楼占地面积 5 376.17 平方米，直径 73 米，外墙周长 1 915 米。圆墙内的房屋均按八卦布局排列。

承启楼由 4 个同心圆的环形建筑组成，外环 4 层，高 12.4 米，每层 72 间；二环两层，每层 40 间；三环单层，32 间；中心为四架三间两堂式祠堂，全楼共 402 间。圆楼朝里开的窗尽可能的大，而所有朝外的窗口都非常的小，外环一、二层的外墙不开窗，这是客家人对防御外袭考虑而设计的。楼里每一层的房间都完全一样，每户人家从底层到高层各分一间，每间房间大约为 10 平方米。每个房间前都有一个走廊，由于房间是圆形的，因此走廊也就围成了一圈，走廊周长足足 229.34 米。中心的祠堂是祭祀的地方。门额上是林森提的"笔花庐"。梁枋下悬几块乾隆年间的牌匾。

承启楼外墙为夯土墙，底厚 1.5 米，顶厚 1 米。十分奇妙的是，厚实土墙具有其他任何墙体无法相匹的含蓄作用。在闽、粤、赣三省交界地区，年降雨量多达 1 800 毫米，并且往往骤晴骤雨，室外干湿度变化太大。土墙到了热天可以防止酷暑进入，冷天可以隔绝冽风侵袭，楼内形成一个夏凉冬暖的小气候。厚土保持着适宜人体的湿度，环境太干时，它能够自然释放水分；环境太湿时，吸收水分，这种调节作用显然十分益于居民健康。

全楼的公共设施，除颇具规模的厅堂院落外，有两口水井，一个大门，3 个中门，8 个侧门，8 个檐廊拱门，8 个防卫巷门，上百米供层楼之间垂直交通的楼梯。

承启楼，它是客家文化的载体。它的四圈体现四圆同心，上下一心，是和合团圆同心同德共患难之寓意。楼内的房间高低面积大小一样、每户人家的房间均等分、所有房间都环绕家族议事、祭祖的厅堂。从这些建楼布局、格式和大量的楹联内容等诸多方面足见，土楼强调一视同仁，平等和睦，又突出敬祖尊长的宗族意识。

1986 年，邮电部发行一组中国民居系列邮票，其中福建民居邮票就

是以承启楼为图案，该邮票在日本被评为当年最佳邮票。这座庞然大物——江氏"家族城堡"，通过这方寸邮票早就名扬四海，享誉全球。

2008年7月6日，"福建土楼"被联合国教科文组织世界遗产委员会列入世界文化遗产名录。

承启楼是客家文化的杰出作品，其文化内涵十分丰富，有着极为珍贵的历史文物价值，科学研究价值、审美价值和人文价值。

羌碉——世界建筑明珠

羌族是我国众多民族中最古老，历史最悠久又极富传奇色彩的民族。

位于四川省理县杂谷脑河畔桃坪乡的桃坪羌寨，被专家学者称为神秘的"东方古堡"。之所以被称作"东方古堡"，是因为这里是保存最完整的羌族古寨，一座座羌碉历经数百年风雨沧桑仍保存完好。

法国建筑学家称羌碉为"世界建筑明珠、东方金字塔"。它是羌族人民通过勤劳和智慧为华夏文明的发展及世界建筑历史上创造出的奇迹。

羌语称碉楼为"邛笼"。秦末汉初，羌人由西北来到岷江上游开垦土地，从游牧渐而转向定居。与此同时，他们抛弃了游牧时的帐幕，一座座取石为材的"碉楼"在高山深谷间矗立起来。早在 2 000 年前《后汉书·西南夷传》就有羌族人"依山居止，垒石为屋，高者至十余丈，谓'笼'"的记载。《后汉书》中所言"邛笼，是羌式民居中数量最大者"。北宋的《寰宇记》对碉楼细述为："高二三丈者谓之鸡笼（即邛笼），十余丈者谓之碉，亦有板屋土屋者，自汶川以东皆有屋宇不立碉巢。"

碉楼修建时不绘图、不吊线、无高柱架支撑，全凭高超的技艺与经验。建筑稳固牢靠，经久不衰。根据不同的位置，有不同的功用，共分为家碉、寨碉、阻击碉、烽火碉 4 种。

家碉是羌族人用来御敌、储存粮食柴草的建筑。多修在住宅的房前屋后并与住房紧密相连，碉楼的高度在 10 至 30 米之间，形状有四角、六角、八角几种形式，有的高达十三四层。碉楼的建筑材料是石片和黄泥土。墙基深 1.35 米，以石片砌成。石墙内侧与地面垂直，外侧由下而上向内稍倾斜。一旦战事爆发，即可发挥堡垒的作用。碉楼的窗口内大外小，敌人从外面爬进碉楼时根本无法施展和里面的人打斗，而里面的人却能轻易杀死敌人。即使敌人放火烧，只要将最下层楼板的开口盖住，碉楼底部就成为一个封闭的空间，燃烧的柴草就会由于缺少氧而产生浓烟，反而呛了敌人。门板坚实厚重，有多道带机关的木制门闩，极利于防守，入侵者想要进入碉楼，那可比登天还难。

　　寨碉通常是一寨之主的指挥碉，也常祭拜祖先用。阻击碉一般建在寨子的要隘处，起到"一碉当关，万人莫开"的作用。烽火碉多在高处，是寨与寨之间传递信号用的，一旦有了敌情，马上在碉楼顶层点燃烟火，战争的信息很快就可传到百里之外，招来援军，里应外合，取得战争的最后胜利。

　　羌族碉楼是羌族人民在长期的生产劳动和社会生活中创造的灿烂的文明，同时也是为世人留下的宝贵的文化遗产。

各民族多彩的精神文化

　　精神文化，指一个民族的民族心理、知识、风俗习惯、卫生体育、宗教信仰以及人类思维领域所涉及的诸如哲学、伦理学和文学艺术，是不断推进物质文化的内在动力。我们这里先介绍我国各民族的卫生、体育、歌舞、风俗习惯，再以文学做压轴戏。

少数民族医药选介

藏医——祖国医学宝库的组成部分

　　一个民族能世世代代繁衍生息，必有其适应环境、战胜疾病的经验。藏族也是这样。早在公元前，藏族先民就流行一种古老、原始的医学——"本医"，用放血疗法、火疗法、涂摩疗法治病，采用热酥油止血，用青稞酒医治外伤。唐太宗贞观十五年（641）文成公主入藏，带去了医方百种、诊断法5种、医疗器械6种、医学论著4种，大大促进了藏医的发展。后来，金城公主入藏，又带去了一批医务人员和医学书籍，从此藏医有了更大的发展。8世纪时藏族出现了九大著名医学家，其中以玉妥·云登贡布最有名。他整理、补充、注释的《四部医典》，吸收了内地汉族和印度、尼泊尔的医学知识，奠定了藏医学的理论体系。

　　历史上藏族人对死者多实行天葬。助殡人把尸体送到天葬场（山上），司葬人要按照一定仪式、程序将尸体肢解。这种解剖尸体的风俗，客观上促进了藏医在解剖学、生理学上的认识。8世纪时，藏医对神经系统中神经的分布及其功能，已有比较深刻的认识。认为从脑部发出条条"白脉"（神经一般都呈白色），支配着全身各个部位。一旦其中某一条神经有了病，受它支配的肢体相应部位就会发生麻痹或者运动障碍。这是难能可贵的。

藏医的诊疗技术也有独到之处，尿诊最有特色。藏医要求患者收集清晨起床后的第一次尿做标本。把尿放在瓷碗中，加以搅拌，然后观察尿的颜色、泡沫或漂浮物的有无和多少，以及沉渣的性质，还要检查尿的气味，是否混带血液和油脂。尿的颜色深、气味浓又有大量沉渣，表明是热性病。如沉渣中有类似沙子的东西，表明肾脏有病。有经验的藏族医师，不借助其他手段，靠看尿就可治病。有的患者行动不便，就可由亲属将尿样送给医生，医生根据尿样对症下药。

藏医的药物相当丰富。《四部医典》中就载有药物近1 000种。西藏有终年不化的雪峰，有辽阔的草原，有茫茫的林海，因此药用植物、动物特别多。有句顺口溜："若问西藏药物有几宝，莫过麝香、贝母、冬虫夏草。"

在西藏高原海拔2 000～4 000米的高山灌木丛或原始森林中，生活着一种珍贵的动物，它体态优美，曲折如波的毛色，机灵的眼睛，引人入迷，这就是高原上有名的林麝，也称香獐。在雄麝的脐部与生殖孔之间有一个香腺囊，分泌着一种芬香浓烈的物质，这便是千百年来被人们视为稀世之宝的麝香。麝香是十分名贵的药材。它含有强烈香味的麝香酮，具有开窍、通经络、消肿止痛的奇效。据祖国医学的记载，麝香主治中风、痰厥、惊痫、中恶烦闷、心腹暴痛、跌打损伤、痈疽疮毒。临床表明，冠心病患者心绞痛发作或昏厥休克者，服用以麝香为主要成分的苏合丸，病情可以缓解。

西藏贝母在海拔4 000～5 000米的高山灌丛和高山草地之上幽香孤傲地生长。它不畏严寒，以高山为家，以冰雪为汁液，生根、开花、结果。它广布于西藏各地，每年收购达5万多千克，其数量之丰，令人惊叹！西藏贝母属川贝母类型，但色白个大是川贝不能比拟的。此外，极为可贵的是它除具有一般贝母的药用价值外，还对身体有补益作用，因此而独具特色，享有盛誉。

冬虫夏草更是特别。你说它是植物吧，可是那金黄色的体躯上，明明长着红艳可爱的头，清晰可见的口器，在它有节的腹部上还对生着8对整齐的足；你说它是虫吧，却从它的头部上伸出一根紫褐色草棒，生长在高原仲夏的芳草地里。它那小巧玲珑的体态，真是大自然对生物奇妙的杰作。按现代科学讲，虫草其实是虫和菌的复合体。虫是蝙蝠蛾科昆虫，菌是麦角菌科冬虫夏孢子（属真菌）。当蝙蝠蛾科昆虫的幼虫秋冬时节蛰居在土中冬眠的时候，麦角科的冬虫夏孢子，便乘机悄悄地钻进幼虫身体里，以虫体为营养繁殖生长起来。由于大量菌丝充满虫体，最后幼虫终于死亡。到了夏季菌丝便从虫体头部长出子座，冒出地面，变成一株真正的植物了。冬虫夏草列为西藏三大名贵药材是

毫无愧色的，它既是十分珍贵的药材，又是名贵的滋补品。它以奇特的形态，丰富的营养，神奇的药效而闻名中外，为祖国药材宝库增添了异彩。

以外科见长的蒙医

早在蒙古汗国建立以前，蒙古族人民就已有适应当时生产方式和生活习惯以及地理环境、气候特点的医疗方法。如饮马奶酒治病，用烧红的烙铁治疗外伤。

据文献记载，蒙古族使用灸疗法（用燃烧的艾绒熏烤患者身体某些穴位），比别的民族要早。中医《内经·异法方宜论》中说："北方……地高陵居，风寒冰冽，其民乐（喜欢）野处而乳食，藏寒生满病，熏其治宜熬（ruǒ，点燃）。故灸者，亦从北方来。"这里说的喜欢住在野外、喝牛奶的族群，就是蒙古族。8世纪成书的藏族《四部医典》中也有"蒙古灸"的记载。可见，灸疗最初发源于蒙古地区，并很早就传入内地和西藏。

由于古代蒙古族从事畜牧业和狩猎业，飞马射箭容易发生跌打损伤和骨折脱臼等创伤。他们在外科正骨术方面积累了丰富的经验。据

《元史》记载，元太祖成吉思汗的名将布智尔在一次战斗中身中数箭，拔出箭头时，血流满身，头晕而倒下，几乎要断气。成吉思汗叫人牵来一头牛，杀死，剖开牛腹，把布智尔放到牛腹中，浸在热血里，一会儿布智尔就苏醒了。后来，这些治疗技术在实践中发展成为独特的蒙医外科医疗技术。

蒙医在元代以后得到进一步发展，设立了太医院、上都惠民司等许多医疗机构。至元末明初，则在理论上更加系统化，治疗方法更加多样，如用蒸气热罨（yǎn）的活血方法治疗内伤，用牛羊瘤胃反刍物热罨疗法治疗箭伤，用烧热的盐热敷，用新宰杀的畜皮、鱼皮包裹一定穴位的皮疗，都是独特又有效的医疗方法。

在药物学方面，蒙医药家们创造了适合于本地区实际情况的独特的配制法和用药法等。同时，还吸收了西藏、印度等地区和兄弟民族的药物学家、方剂学家和蒙药著作。如伊希巴拉珠尔撰写的《认药白晶药鉴》一书就是内容比较丰富的蒙药学著作；18世纪药物学家罗桑苏勒和木撰写了《认药学》四部书，即《珠宝、土、石类认药学》《木、汤、滋补类认药学》《草类认药学》和《盐、灰、动物类认药学》，主要阐述了药物的形态，为认药、采药和研究药物提供了依据。这一时期还有官布扎布编著的《药方》，是以蒙药验方为主，兼收印度、汉、藏、回等药方的一部书。19世纪，蒙药学家占布拉道尔吉撰写的《蒙药正典》，是一部蒙药学经典，书中分别以蒙文、藏文名词并列对照，还附有579幅图。蒙医药家敏如尔·占布拉却吉丹桑璞仁来所著的《方海》则是一部完整的蒙药方剂学经典。

蒙古族在食疗方面有悠久的历史。他们在挤奶劳动中掌握了发酵技术，懂得发酵了的马奶酒（酸马奶）是极好的滋补饮料和良药。在《蒙古秘史》中就有用马奶酒医治大出血而致昏厥的病人的记载。到了元代，元太医忽思慧用汉文写成了《饮膳正要》一书，其内容丰富，图文并茂，记载了大量的蒙古族饮食卫生及饮食疗法、各种食物、有关验方和营养学方面的内容，此书成为我国最早的一部较完整的营养学著作。书中说："马乳性冷，味甘，止渴，治热。"在当时就能这样比较科学地解释马奶酒的性质和药用价值，是非常难能可贵的。

维吾尔医学——祖国医学的一枝奇葩

主要聚居在新疆的维吾尔族是一个历史悠久的民族，史书上的"回纥（hé）"、"回鹘（hú）"、"畏兀（wù）儿"，都是他们自称的音译，意为"团结"、"联合"。

维吾尔族的医学源远流长。现在在德国柏林就收藏有一批回鹘医学文献，其中有一本记载医治各种疾病药方的书，可能是唐初回鹘人的医学著作。这部著作现在虽然仅存下 201 行，而且其中还有不清楚和残缺的地方，但内容却比较广泛，涉的疾病、症状有 41 种。这是一部宝贵的临床手册。

维吾尔族医学是祖国传统医学的一枝奇葩。唐高宗显庆四年（659）颁行的官修药物文献《新修本草》，是我国第一部药典，其中收载药物 850 种，就有 114 种是新疆出产的，如白芥子、苜蓿、石榴、红花等。这并不奇怪。维吾尔处在"丝绸之路"上，维吾尔族除了以马匹换汉族的茶叶、丝绸外，就是以珠玉、药材换内地的金银首饰、铁器，所以维吾尔族对祖国药学有过历史贡献。唐代有两部总结性的医学著作。一部是孙思邈（miǎo）的《千金要方》，一部是王焘的《外台秘要》，都载有"西州续命汤"。"西州"就是新疆，看来孙思邈的"小续命汤"是参考新疆维吾尔族、哈萨克族医学经验而开的药方。这不仅说明当时新疆的医药学已有相当的水平，也反映了汉族中医药学吸收维吾尔医药学有益经验的历史。

同时，汉族的中医名著《内经》《神农本草经》《本草拾遗》等也传到了新疆，其中《本草拾遗》等在元代时已译成维吾尔文。维吾尔族医学与祖国传统中医药学有着极为密切的关系，同时吸收了阿拉伯、印度和波斯等医药学的精华，成为完整的、系统的医药学体系。

维吾尔族医学的基础理论是以"火"、"气"、"水"、"土"代表物质，以"血津"、"痰津"、"胆津"、"黑胆津"的"四津体液"学说解释人体与外界的相互关系，据此创造了一套诊断和治疗的方法，就地取材，配制各种汤药、丸药、膏药。他们把人体分成热性和凉性，因人而异，对症下药。如是内科病，则以内服药为主，必要时也辅以熏药、坐药、放血、冷热敷等11种疗法。其中对肝胆、结石、赤痢、白癜风、糖尿病、摔伤、扭伤等病症治愈率很高。

维吾尔族还有特别的疗法。在吐鲁番就有沙埋疗法。唐代，祖国医学著作中就有"西域埋沙热，除祛风寒诸疾"的记载。以后，历代名人游记中多有"火州埋沙疗疾祛病"的描述。埋热沙这一古老的维医学疗法，一直在天山南北流传。埋沙疗法有较强的季节性，当地居民利用每年6月初至8月中旬阳光充足，日照时间长的自然特点进行治疗。患者当烈日当空的时候在沙堆上，或躺或卧，或跪或坐，将身体的一部分埋在滚烫的沙子中接受医生治疗。这种疗法，对关节炎、慢性腰腿痛、坐骨神经痛、脉管炎等有明显的疗效。

历史悠久的傣医

战国时期成书的《逸周书》中说："产里百濮以毒瑁、象齿、文犀等物入贡于汤。"这里的"产里"就是今天西双版纳的景洪县，"百濮"是商周时的少数民族，战国以后演变为百越，后来又发展为今天的侗傣语族各民族。"产里百濮"就是景洪的傣族先民。他们把毒瑁、象齿、文犀用于汤药看来确有其事，因为在现存的傣族医药手稿中就有这样的方药。从《逸周书》的记载看，傣族先民在2 500年前已有了自己的医药。

历史上傣族民间没有专职的医生，多半是先学习历代医学手稿，又向老医生学习，然后在劳动之余采药治病。有一部分是给封建土司养马，开始时给马治病，后来也能给人治病。他们手中都有互相传抄的"医学手稿"。

傣族医生的诊断的基本方法也是"望"、"闻"、"问"、"切"，和汉族的中医相仿，但对致病因素的认识有独特之处。他们认为构成自然界和人类的基本元素是风、土、水、火，把病因分为因风致病、因土致病、因水致病和因火致病。认为火盛则发热，风盛则肢麻震颤，水盛则浮肿，土盛则冰冷，据此确定4个基本方剂。常用的傣药约1 000种，分植物、动物、矿物三大类。他们的单方独药与汉族中医的用药也不尽一样。如"落地生根"，汉族中医一般用于跌打损伤、烧伤和烫伤，而傣医却用于痢疾、腹泻。车前草汉族中医多用于尿道感染、肾炎和肾结石，而傣医用于跌打损伤、接骨舒筋。在用药部位上两者也不尽相同，例如使君子，汉族中医用其果来驱蛔，而傣医则取其根，用以治疗痢疾。

传说三国时吴董奉给人治病，分文不取。对治愈的病人，只要求为其种杏树几棵，几年后蔚然成林。后世就用"杏林"代称医家。在少数民族杏林中藏医、蒙医、维医和傣医享有盛誉，被称为全国四大民族医药。

彝族医药——巨大的医药宝库

彝族是一个历史悠久，勤劳、勇敢、智慧的民族。彝族人民在处于恶劣的自然环境和面对凶残的野兽伤害，以及不断地与疾病的斗争实践中，慢慢地积累了保护身体健康和提高体质的经验，并创立了自己的医学，并以其疗效显著而闻名于世。

彝族古籍《宇宙人文论》中说："人体同于天地之体、同样由清、浊二气管着气、血、营、卫。"该书中又记载了天地万物都是阴阳二气相互结合的产物，是自然变化的规律。《宇宙人文论》中对五行的论述也较全面。地五行指木、火、土、金、水；人五行指与之相应的肝、心、脾、肺、肾。此五行形成后，随其变化，形成人体的根本。五行中的水相应于人的血，金相应于人的骨，火相应于人的心，木相应于人的筋，土相应于人的肉。五行成为人体雏形以后，就开始有生命，依照人体发展变化成为完整的人，这就是五行应五体（皮、筋、骨、肉、脉）的理论。历史资料反映出彝医对病症、病因、病机的认识是在"天人相应"、"阴阳五行"等医学理论基础上形成的。

彝医在治疗疾病方面，十分重视针对疾病症状对症治疗，除采用通常的药物治疗外，还创造了不少灵活应急的对症方法。主要方法是药物疗法，也称药治法，即根据不同的疾病，选用多种植物、动物、矿物药制成各种方剂，治疗疾病的方法。其治疗原则有汗、清、消、补、温、吐、下等。其剂型主要有酒剂、散剂、水剂、油剂、炖剂、蒸剂、粥剂、敷剂、擦剂、洗剂等。

彝医治疗方法中的拔火罐，是彝族医学疗法的特色，主要火罐用的是牛角、竹筒、烟杆等。其方法与汉医略有不同，如火罐筒的底部要钻一小孔，周围敷上蜂蜡。拔火罐时，医者先口对小气孔，用力吸尽筒里的空气，待吸稳后，用舌尖将已被温化了的蜂蜡封住小孔即成。若是狂犬病或蛇伤病人，医者还得口中含白酒才行，以免中毒。待火罐把毒气抽在一处时，在起包处点针见血再拔，吸出毒血。此法主要用于狂犬病、风证、箭证、蛇证、扭伤等。若火罐内放上一些驱风的陈艾、花椒、火葱、韭菜等药末或药泥，由扯风、扯毒力强而疗效更佳。

在原始社会时期，彝族先民吃住都在森林中，并且多数住在树上，故对植物有了最直观和最粗浅的认识。这就是彝族医药的起源。

和其他民族医药一样，药物是彝族医药发展的基础。彝族药物数达千种，包括有植物药、动物药、矿物药，其中以植物药和动物药运用较为广泛。

由于彝族居住的地方有得天独厚的自然环境，药材十分丰富。据1942年的《西昌县志·产业志》记载，当时西昌附近年产药材数万千克并大量运往川、滇二省及内地。凉山地区不仅药材丰富，其中名贵药材也是引人瞩目的。丰富的药材资源使彝族古老的医药得以不断发展完善起来。《滇南本草》中也记录了许多彝族的药物，如芸香草、老鹳嘴、鹅掌金星草、韭叶芸香草、救军粮、橄榄（余甘子）、甘蔗等等。到了清代，对于植物药的运用就更加广泛了。

灯盏花

彝药灯盏花（菊科短葶飞蓬）是治跌打损伤、风湿疼痛、牙痛、胃痛的彝药，从中分离出的有效物质灯盏乙素，还可治疗脑血栓、脑出血、脑栓塞等脑血管疾病。"罗锅底"流传于云南嵩明地区，主治腹痛及痢疾，为雪胆属植物块根。"瓦布友"（紫藏科植物两头毛），治疗肝部疾患和痢疾有良效，其制剂用于临床治疗急性菌痢和病毒性肝炎，治愈率高于用西药治疗的对照组。

在长期和野兽接触的过程中，彝族先民对动物的认识也随之增长，它对后来彝族医药的发展，特别是动物药的形成和发展，都产生了深远的影响。《名医别录》就记载了彝族地区的牛黄、麝香、犀角、露蜂房等动物药，并明确地记录了这些动物药的产地、性味、功能、主治。彝族先民所使用的动物药中，有一部分药至今仍在普遍使用，如熊胆、蛇胆、野鸡胆、野猪胆、羊胆、牛胆、狐狸胆、蝙蝠胆，以及鹰肉、猴肉、虎肉、熊肉、野鸡肉、牛肉、羊肉、蛇肉、鸡蛋等。《明代彝医书》中对16世纪前彝族医药经验做了系统总结。其中不仅详细记录了各种疾病的治疗和药物的使用方法，还记载了各种动物药的胆、油、骨、血、肝、肉、肾鞭等药用部分，以及虫类药物等。

除了动物资源丰富之外，彝族先民也发现和应用一些矿物药。尽管彝族医药中使用的矿物药较少，但其起源很早。远在彝族祖先从事狩猎和放牧的原始时代，就有用矿物药治病的原始方法。这些矿物药，都是天然生成的，获取相对容易，如天然硫黄、天然火硝、盐块等。在《名医别录》中记载了不少彝族地区的矿物药，如空青、曾青、肤青（推青）、朴硝（芒硝）、硝石、温泉（硫黄）、金屑、银屑、扁青、青碧、盐、琥珀等。其中有些矿物药不仅彝医运用，汉族及其他民族的医生也善于应用，并且一直沿用至今。

在当前人类"返璞归真"的热潮中，彝族医药受到了国际医药界的高度重视。它与诸多先进的医疗体系相借鉴和结合，将更好地为彝族人民、中国人民，乃至世界人民的健康服务。

苗族医药——苗族传统智慧的结晶

苗族是分布于东南亚的一个庞大民族，在我国境内主要分布在贵州、湖南和云南等地。苗族民间流传有"千年苗医，万年苗药"之说，苗族医药见诸史籍的时间也很早。苗医主要分为湘西（张氏和花垣）苗医和黔东南苗医。苗药主要分布于苗族聚居的苗岭山脉、乌蒙山脉等广大地区。

白龙须

　　由于过去苗族无文字，所用药物的种类、名称及药用经验等仅靠口传脑记，有的药物或散载于汉文抄本及古本草中，因此无苗医药的专书著述。1949 年之后，通过对苗族聚居地区的医药进行广泛调查、整理工作，苗族药物开始载入全国或地方性的专著。如：《中国民族药物志》第一卷（1984 年）收载苗药 40 种；第二卷（1990 年）收载苗药 30 种；《苗族药物集》（1988 年）收载苗药 163 种；《贵州少数民族药物集》（1989 年）收载苗药 91 种；《苗族医药学》（1992 年）收载苗药 340 种。其他还有湖南、云南、广西等省、自治区区所出版的有关书籍和发表的学术论文中都包括了不少苗药。据不完全统计，目前常见的药可达 1 500 种之多，常用的约 200 种。如各种血藤、铁筷子、百金条、白龙须、蓝布正、地星宿、果上叶、黑骨藤、飞龙掌血、草乌、大风藤、八爪金、淫羊藿、海金沙、透骨香、白及、金樱子、徐长卿、仙鹤草、田基黄等等。另有部分珍稀品种如八角莲、九月生、金铁锁、一支箭、仙桃草、穿山甲、和气草、菌灵芝等。

《古老话·事物生成共源根》中有："千万事和物同一理，事和物生成共源根。头号重要的是事物生成的能量，第二是事物生成的物质基础，第三是事物生成的良好结构，三条缺一不得生。"这几句是苗医哲学理论"事物生成共源根"最简洁的概括。它指出一切事物的生成都离不开能量、物质、结构这三大要素。总而言之，事物生成三位一体的原理包括能量第一论、物质基础论、结构决定论。

苗族医药，经过了数千年的实践，形成了独特的医药理论，积累了丰富的临床经验，是民族医药中难得的一块瑰宝。苗医诊断采取"望、号、问、触"法，诊断歌诀为"一主神志二主色，三视男女当有别，四望年龄看四季，五取腕部细号脉，第六细问再触摸，百疾疑难有窍诀"。苗医把疾病分为36症，72疾，对应天上108个星宿，与秦汉时期中医108种疾病分类相似但又有不同，在治疗中提出16大法，49套方术，将疾病分为17病候等。

苗医有用药物蒸发的气体熏蒸身体以治病的一种方法——蒸疗法。这种方法是源于苗民对蒸汽的认识，结合苗医善用鲜药熏洗外治的经验而产生。熏蒸疗法治疗疾病较广泛，内、外、皮肤等科疾病均可治疗。苗族民间医生常用此法治疗风湿痹症（风湿性关节炎）、偏瘫肢体麻木、半身不遂（中风后遗症）、肌肉萎缩（周围神经炎）、浮肿（急性肾炎）、皮肤疮疡疥癣等。

苗医除治疗一般常见多发病外，对疔、疮等皮肤病、风湿病、各种痧症都有独到之处。对外伤骨折中的"接骨"疗效尤显著。其疗程短，治法简便，仅用小块夹板固定，甚至有的医生只敷以伤药即可。部分伤者还同时服用水煎剂。一般骨折，半月内即可痊愈。严重的枪伤（土火药枪沙粒致伤）经敷药后，既能使肌肉复生，又可驱除弹丸或其他异物。他们还用内服药来治疗不孕症，效果也十分灵验。

少数民族传统体育概览

少数民族传统体育源远流长，多姿多彩。有的显示出南国水乡的风情，有的散发着北国草原的芬芳，有的带有高原的神奇，有的包含丘陵的奥秘，呈现出强烈的地方民族特色；它总是和本民族的风俗习惯、历史文化相关联，一个体育项目往往有一个引人入胜的传说；它"养兵千日，用兵一时"，锻炼于平时，比赛于一朝，一个节日常常是一次体育盛会，体育成为人们节日活动的重要部分；体育属于青年。少数民族青年男女成为传统体育活动最活跃的生力军。传统体育活动成为青年男女显示才能、促进了解、增进友情的场合。它不仅有高度的技巧，而且常常同一定的艺术形式相结合，伴以歌，载以舞，既增强体质，又愉悦身心。这些，就是少数民族传统体育的特色。

下面，让我们来看看一些民族的传统体育项目吧。

蒙古族那达慕

"那达慕"是蒙古语，"娱乐"、"游戏"的意思。13世纪初，蒙古族的首领们每次举行大聚会时，都要搞那达慕大会，后来就成为定例，相传至今。摔跤、赛马、射箭是那达慕大会上男子三项竞技的固定形式。

蒙古式摔跤，首先推举德高望重的长者将摔跤手进行编排和配对，人数必须是"2"的倍数，最多时可达512人或1 024人。摔跤手不分地区和体重混合配对，采用单淘汰制，败者下场。他们上场时身穿"单德格"服装——上身是牛皮或帆布制成的紧身半袖背心，裸露手臂，盖住脊背，边沿镶有铜钉，腰系"希力布格"（围巾）；下身穿着肥大的摔跤裤，脚蹬蒙古靴，颈上还套着彩条。彩条是历次参赛胜利的记录，名次越高，彩条越多。摔跤手们个个都壮实、英俊。当摔跤歌唱过之后，摔跤手跳跃着出场，蹦得高，走得快，以此作为赛前准备活动。到了赛场中心，裁判员发令，双方握手后就开始交锋，不限时间，不许抱腿和跪腿摔，膝盖以上任何部位着地都算失败。赛完，双方又跳跃着下场。

　　赛马是那达慕大会的又一个热门节目。远在百里以外的牧民，都要驱车骑马赶来参加披红扎彩的长距离赛马。男女老少，都可参加，来者不拒，少则几十人，多则几百人，一起上阵，直线赛跑。其距离20、30、40千米不等。为了减轻马的负重，不论老少，都不备马鞍，不穿鞋袜，只穿华丽的彩衣，配上长长的彩带，飞驰起来，更显飘逸。

蒙古族的射箭，历史上早有记载。《元史·列传》中说成吉思汗的军师木华黎不仅足智多谋，而且善射。他"猿臂（像猿那样的长臂）善射，挽弓二石（dàn）强"，"一日，太祖从（带着）三十余骑（人马）行溪谷间，顾（回头）谓曰：'此中或遇寇，当奈何？'对曰：'请以身当（抵挡）之。'既而，寇果自林间突出，矢下如雨，木华黎引弓射之，三发中三人。"射箭成为民族运动的强项。射箭是那达慕大会上不可缺少的比赛项目。过去，蒙古族射箭使用牛角弓、皮筋弦、木制箭，距离只有 15 米、20 米。箭靶是 5 种颜色的"毡牌靶"，靶心是活的，射中后自动掉下。还有一种比赛是：从几十米远处射地面上的目标——这个目标是堆砌起来的，呈塔形，谁射中并使之全部倒塌就算优胜。现在，蒙古族射箭又"鸟枪换炮"了，用的是钢弓或塑料弓、尼龙弦、金属箭。

朝鲜族的荡秋千和跳板

荡秋千是朝鲜族妇女最喜爱的运动之一。它的历史悠久，最晚也起源于 13 世纪。传说，当时妇女忙于下地劳动，照看不了家里的孩子，为了让孩子在家里也有玩处，就在大门的横框上拴上两条绳子，让孩子们荡着玩，荡起来轻悠悠、飘乎乎的，挺好玩。以后妇女们也玩起来了，进而发展为大规模的竞赛项目。

荡秋千分单人荡和双人荡两种。比赛时，最初是用树枝或花枝吊起来作为目标，以脚尖踢到或用嘴叼起为胜。后来发展成为以碰铜铃比高下，就是在秋千架正前方竖起两根杆子，两杆之间系一根绳子，绳子中点垂挂一个铃铛，叫金铃，距地面大约 5 米，以此测量比赛者荡起的高度。只有技巧娴熟、大胆无畏的强者能够达到或超过这个高度。荡秋千者谁碰响金铃次数最多，谁就是胜者。荡秋千好玩，也好看，彩索飘忽如飞龙，清脆金铃响半空。

　　荡秋千是朝鲜族妇女传统的体育活动，流传很多歌谣。有一首题为《青丘永言观灯歌》的民歌唱道：

　　五月五日是端阳，邻家少年攀树上。秋千拴在高枝上，用力一蹬前方高，使劲二蹬后方上，兴致勃勃将秋千荡。你在哪里啊我的郎，怎么不来把秋千荡？

　　除了荡秋千，朝鲜族妇女还喜欢跳跳板。

　　关于跳板的由来，流传着几种传说。有的说，古时候妇女们受封建伦理观念的限制，难得出大门，只好在院子里靠墙根的地方支起跳板，腾空跃身，观看院外，扩大视野。也有的说，古时有两个男人被囚，他们的妻子为了看到狱中的丈夫，用跳板的方法轮流腾空，看望自己的亲人。民间还传说，"常跳跳板，脚底不会扎刺"，"姑娘时不跳跳板，出嫁后难产"。

跳板长 5.5 米，宽 35～40 厘米，厚 5～6 厘米。跳板的中点下面放一个"板垫"，使木板两端可以上下活动。"板垫"多用稻草捆，用草袋装满沙土就成了，高度一般在 30 厘米左右。

跳跳板时，一两个人坐在木板中部压住"板垫"，木板两端各站一人，轮流起跳，借落下的力量将对方弹起，在空中做各种动作，直跳呀，屈腿跳呀，还有剪子跳、旋转跳、空翻跳，花样不断翻新。

跳板比赛有"抽线"和表演之分。"抽线"是在规定时间内，以腾空者将系在脚脖上的线抽拉出来的长度定胜负。表演有规定动作和自选动作。自选动作可手持扇子、圆圈、花环等进行，按其动作的难度、姿势优美程度计分。裁判员一般是 2～4 人，其评分方法很像现代的大型比赛，减去最高分和最低分，取其中间分数的平均分。现在，跳板比赛已从赛高度为主逐步转向赛技巧为主，出现了高难动作。

回族的武术、掼牛和打木球

历史上回族人民为了图生存，抗凌辱，非常重视练武健身，把勇武看成是"圣行"，所以流行武术。回族武术套路多，查拳就是其中一种。为什么叫查拳呢？相传1900年8月八国联军侵入北京时，西域人查密尔出于义愤，东去抗敌，行至河北沧县附近突然病倒，当地穆斯林为他请医治病，他病愈后无以为报，就在当地传授武术。后由查尚信、查守义继为拳师。后人便将查密尔传授的拳术叫做"查拳"。回族"大力士"王子平，习练查拳，先后击败过俄、美大力士，从此查拳闻名遐迩。

掼牛，就是把牛撂倒。我们平时说谁身体壮、力气大，就说他"气壮如牛""力大如牛"。把牛都撂倒了，可见其力量之大。掼牛是勇敢者的运动。回族的掼牛，不是西班牙用剑把牛刺伤的"斗牛"，而是凭个人力量和技巧把牛摔倒在地上。传说很久以前，回族在宰牛时，要几个人配合行动，才能把身躯庞大的牛捆住。一次，有个勇敢的年轻人，用敏捷的动作就把牛摔倒，徒手空拳把牛制服，赢得了父老乡亲们的赞赏。从此，掼牛就成了回族显示胆量和力量的运动，每逢年节，都要进行表演。表演时，运动员牵着一头犄角似剑、性情暴烈的公牛进入广场。观众们正为他能不能驾驭公牛，把牛撂倒担心，又怕他被公牛抵伤，只见运动员抖擞精神，跨前一步，牢牢抓住两只牛角，双臂像铁钳一般一铆劲儿，硬把牛头拧向一边，再用右肩扛住牛下巴，使劲把牛脖子一别，随着"咕咚"一声，牛的前腿跪下了。紧接着，运动员用身子往牛的颈部一压。这一拧、一扛、一压，强壮的公牛被摔得四脚朝天，牛蹄子在空中乱蹬。这叫"扛摔"，是掼牛运动员的绝技。

　　打木球，在宁夏回族中最流行。比赛在一个长方形场地上进行，边长30米，边宽20米，赛场两端各有一个木制球门，球门高50厘米、宽3米。比赛时，双方各出5名运动员。每人手持60厘米长的弯拐木棒，你争我夺地追击木球。这和打冰球差不多。不同的是，当你指望一棒定乾坤，而且眼看木球就要破门时，木球却可能突然在前进中改变方向，远离球门。原来小木球是一节10厘米粗、8厘米长的木棒，两端被削成椭圆形或圆形。如果一头触地，就容易改变前进方向。这样，比赛就更激烈。木球比赛每场10分钟，分上、下半场，以进球多少计胜负。比赛结束时，负方要受惩罚——叫喊"嗦儿"，就是由胜方一人在端线用棍子将球击出，负方队员从端线吆喝着"嗦儿""嗦儿"，将球捡回，要一气呵成，中途不许换气，否则还要加罚。

维吾尔族的空中转轮

空中转轮，维吾尔语叫"沙哈尔地"，是维吾尔族人民最喜爱的民族传统体育项目之一。

据维吾尔古典叙事长诗《优素福——阿合麦特》中记载：王子优素福和阿合麦特兄弟二人因与其叔父包格拉可汗发生矛盾，被迫离家出走。他们率领部分群众来到一个地方，架起空中转轮，让大家来进行游戏，并以鼓乐伴奏。把远方散居的农牧民都吸引过来游戏，壮大了自己的实力。从此，各地逐渐兴起了"沙哈尔地"。

"沙哈尔地"，多在春秋季节或举行婚礼时举行，常与"刁羊"游戏同时进行。两种游戏你停我演，前停后续，往往要表演多日。这时候小商小贩云集，浓妆艳抹的姑娘们围观，使游戏更具有热闹纷繁的集市色彩和民族特色。

"沙哈尔地"的空中转轮，由主轴、木轮、轮杆3个机件，通过绳索连接成的一个运动器械。主轴垂直竖立在地面上，高度有15米多。轮杆套在主轴底部，可由两组（各4人）向同一方向推动。主轴顶端安装木轮，木轮平面与主轴垂直。木轮与主轴底部的轮杆用绳索相连，只要推动轮杆，就可带动高处的木轮旋转。木轮两侧各系有两根10多米的长绳，供游玩者轮流牵附。游玩时，8人推动轮杆，使木轮转动，带动绳端二人旋转起来，离开地面做抛物线运动，好像荡出去的秋千一样，木轮旋转越快，人飞得越高，使人有飘飘欲仙之感，很有乐趣。

哈萨克族的姑娘追、刁羊和马上摔跤

哈萨克族除少数人从事农业外，大部分人从事畜牧业，过着游牧生活。因此，他们有句谚语："马是哈萨克族的翅膀。"他们外出活动，无不以马作为脚力。放牧时，骑着马管理牲畜；狩猎时，携犬挈（qiè）鹰，以马代步；待客时，端上一碗马奶酒。连姑娘追、刁羊、马上摔跤、赛马、马术、马上射箭等传统体育活动，也都在马背上进行。

姑娘追是哈萨克族青年男女最喜爱的活动，多在节假日时，在就近的草原上举行。参加比赛的男女青年都骑马，成双成对地向前方折返点奔去。

开始时，姑娘在前，小伙子在后，也可并辔而行，这时小伙子可以随意向姑娘说俏皮话，也可倾吐爱情。不管姑娘愿意不愿意，或者被说得满脸通红，也不得作反抗的表示。有的小伙子骑术高，马又快，往往故意拦着姑娘，你拦我躲，双方在草原上兜圈子。姑娘只好施展全身解数，极力摆脱小伙子的"纠缠"。

到了折返点往回跑，情况就不同了。小伙子在前面跑，姑娘在后面追。姑娘只要追上小伙子，就可以任意扬鞭抽打他，他不得还手。那些俏皮话说过了头，惹怒了姑娘的小伙子，这时免不了挨姑娘狠狠的几鞭。不过，更多的是姑娘只是在小伙子头上虚晃几鞭，雷声大，雨点小。有的甚至打在马屁股上，叫马跑得更快些，好让小伙子少挨几鞭。

"摔跤见力气，刁羊见勇气"。剽悍的哈萨克族牧民最爱刁羊。

哈萨克族刁羊用的是山羊，两岁左右，割去头、蹄，紧扎食道，有的还将它放在水中浸泡，或往羊肚子里灌水。这样处理后，韧性增加，不易腐烂。参加刁羊的人，事先结成两队。每一队都有冲群刁夺、掩护逃遁、追赶、阻挡等分工，而且讲究战略战术。一旦本队夺得羊羔，其他同伴要做些假动作，让对方弄不清是谁夺走了羊羔。有的前拽缰绳，有的后抽马背，后推前拉、左右护卫，才能冲出重围。

赛前，先把一只宰好的羊羔放到草场中央。一声令下，几十名骑手扬鞭策马，飞身奔向山羊。顿时马匹簇拥，人头攒动，烟尘飞扬。到了草场中央，一位骑手俯下身去，把羊刁起来，高高举起，向大家致意。然后把山羊斜挎在座下，冲出重围，直奔预定地点。几十名骑手紧追不舍，对方队员要抢走山羊，本队队员要掩护转移，双方斗智比勇，紧张激烈。最后，谁把肥羊投掷到指定的位置，谁就是胜利者。

摔跤一般都在地面上进行，而哈萨克族的摔跤却可以在马上进行。两人各自骑着马，边骑边摔，把对方拉离马鞍，摔倒在地上，就是胜利。这就要求摔跤手不仅要有力量，而且要善于和自己骑的马默契配合。这种马上摔跤，采用"打擂台"的方式进行。胜者做"擂主"，败者淘汰，由另外一人上场"攻擂"。

藏族的抱石头、赛牦牛、拔河和"古朵"

藏族传统体育丰富多彩，赛马、射箭、摔跤等与别的民族大同小异，抱石头、赛牦牛、拔河和"古朵"则别有情趣。

抱石头比赛藏语叫"朵加"。方法各地有所不同，拉萨一带的方法是：站在原地，双手抱起一个约300斤重的石头，当抱至腹前时，就低头弯腰，从左边或右边腋下小心翼翼地把石头放在背上，慢慢挺起身子，双手反到背后，再走完划定的圆圈，扔石于地。那曲、昌都等地则是抱石头上肩，向后摔出。

裁判员根据动作有无失误，完成动作时间长短、是否优美，走圈远近，评定成绩。

石头重量分150斤、200斤、250斤、300斤4个级别，先抱轻，后抱重，从易到难，4个等级都要抱。

在西藏自治区第四届运动会上，获抱石头比赛冠军的是藏北索县的一位农民多吉江措。他是个大力士，从小就练得臂（lǚ）力过人。7岁时就常抱起10多斤的羊羔爬坡上坎，12岁就能背起150斤的柴火，一口气跑20里地赶回家。他说："力气是个怪，用了它还在。"

抱石头比赛由来已久，在拉萨大昭寺的壁画中就绘有抱石头的画面，画中那些抱石头的人各个都是彪形大汉，看上去力大如牛。

在青藏高原，牦牛是生产运输的工具，而赛牦牛就成了藏族牧区或半农半牧区重大的盛会。西藏民主改革前，山南曲松的夏江宗每年11月25日都要举行赛牦牛节活动。4个牧区，每区出一头牦牛，赛程1 500米，骑着牦牛赛跑，获第一名的把该区的大旗插到宗里最高的屋顶上，以示荣耀。民主改革后，以区乡为单位，在每年的望果节进行，赛程延长为2 000米，参赛的牦牛增加到50～60头，声势更加浩大，竞争更加激烈，农牧民们兴高采烈，穿着节日盛装，带着青稞酒和酥油茶，外加牛羊肉，骑着打扮得五彩缤纷的牦牛前往参赛。70年代以来，赛牦牛活动扩大为以村赛为单位，参赛的牦牛增加到150多头，取前10名。参赛的选手都可获得纪念品，没有一个空手而归。

拔河已被列为全国少数民族传统运动会的表演项目，藏族拔河独

树一帜，方法多变独特、情趣横生。据传此项活动大约是公元 2 世纪西藏五赞王时，同佛教一起从印度传来的。由于西藏特殊的自然环境和独特的民族生活习俗，藏族拔河也不同于其他民族的拔河比赛。藏族拔河有"池和滩"、"浪青沙西合"、"格吞"等方法。"池和滩"意为犏牛，是两头奔跑的牛在较力；"浪青沙西合"意为大象拔河（也叫"郎毒杀向"、"浪波聂孜"、"押加"），"浪青"藏语指大象，"沙西合"是把土犁破的意思，"浪青沙西合"是大象刨土；"格吞"，即"颈脖拔河"之意。藏族人民对大象、牛、马特别崇敬，赞赏这些牲畜的优良品质和力量，因此，力量型的比赛项目中也多模仿它们。

每逢藏历的节假日、平日农牧闲暇时人们会以游戏的形式练习和比赛。比赛分单人拔河、双人拔河、男女混合拔河、夫妻拔河、三人拔河多种形式。比赛时，先在场地上画两条平行线为河界，用布带两端打结套于双方颈部或肩部，转身相背，使绳经过腹部从裆下通过，两手两膝着地，利用颈部的力量和四肢的力量向前爬去。在布带中间系一红布标志，悬于河界中点上方。双方用颈部或肩膀力量猛曳，凡将红布标志拉过河界一方为胜。比赛一般采用三赛两胜制。参赛者背对背比赛时，不仅可以用手抓绳环，甚至可以用手助拉。而面对面比赛时，不能用手抓赛绳。比赛时不易分胜负，在指挥员和啦啦队的助威声中比赛极为精彩。

"古朵"是一种投掷运动。藏族牧羊人用毛线或牛皮编成软鞭。软鞭中间部分编得宽大些，可以包住一块小石头。使用时，手持软鞭，使劲快速旋转，将石头甩出去。旋转越快，石头甩出越远。这是藏族一种很古老的运动，牧民们用这种方法来吆赶牲畜。1904 年，江孜人民在抗英保卫战中，以"古朵"反击英国侵略者，英军传说这是一种"长眼睛的子弹"。

打"古朵"用作比赛，已历史悠久。藏文史书中记载的打"古朵"

比赛有两种。另一种是在不远处地面上将四五个牛角垒起来，上面放一块小石头。"古朵"把小石头打中，而牛角堆却不垮，为优胜。这需要很高的技巧。另一种是在不远处挂一根染成红色的牛尾巴，甩出去的"古朵"击中为胜。比的都是"古朵"的准确性，不经过长期练习的人是打不着目标的。现在的打"古朵"，主要是打靶、打气球。

苗族的打手毽

汉族的毽用脚踢，苗族的毽用手打。打手毽与吹芦笙、跳月，是苗族"玩年"的三大文体活动。

相传在远古时代，苗族的祖先在正月过年时总要杀鸡宰牛，祭祀祖先。他们把一些五颜六色的鸡毛送给姑娘和小伙子们，免得叫这些好动的年轻人碍手碍脚，干扰神圣的祭祀活动。姑娘们手巧，把鸡毛做成花毽，对抛对打；小伙子们则把野雉尾羽插到芦笙管上。他们成群结队到野外打手毽、吹芦笙，自得其乐，并一代传一代，相沿成习。

贵州都匀、三都、丹寨一带的苗族男女青年，每年正月初二到十

五，都要进行打手毽活动。打手毽有规定的活动场地，叫做"毽塘"，是一块比较平坦的空地或便于聚集的其他场所，有的一个寨子一个毽塘，有的几个寨子一个毽塘。三都县都柳江大桥，每年春节上桥打毽的苗族青年男女有五六百人，成为附近几十里内最大的一个毽塘。

寨子里的毽塘由姑娘们控制，做东道主，接待外寨小伙子们前来打手毽，本寨小伙子不得进入，所以人们说："毽塘是姑娘们的"。这种习俗是苗族世代实行远缘结亲的良好风尚的民俗遗存。

打手毽时，姑娘们与小伙子相对排列。由持毽姑娘首先抛出手毽，小伙子立即将它打回姑娘一边，一来一往，循环往复，尽力不使花毽落地，和打羽毛球差不多。不同的是，双方之间，没有网子，没有场线，也不用拍子，以手掌当拍。而且双方不是对手，不置对方于"死地"，总想让对方好接些，叫手毽在人群上方飘来飘去。抛接得越好，越被钦羡。双打中，有时相距咫（zhǐ）尺，这时可以边打边搭话。如果手毽在较远的地方，自己偷得空闲，还可以与对方对歌应答。

彝族的摔跤

摔跤是很多兄弟民族都喜欢的体育活动，也是彝族最喜爱的体育项目之一。每逢火把节都要摔跤。

传说远古时，有一户彝族人家的 3 个兄弟每天都要上山放牧，但是没有什么娱乐活动，闷得慌。一天，他们看到牛羊顶角打架，他们看得入了神，随后也学牛羊打架那样摔打。三兄弟玩得尽兴，牲畜也膘肥体壮。别的人家牛羊发生瘟疫，这一家人的牛羊却安然无恙。从此，彝族人把摔跤看成可以使六畜兴旺的活动。因此，在祭祀中，用摔跤来取悦神灵，祈求它保佑牛羊兴旺。

彝族传统的摔跤场，四周山峦环抱，绿草如茵。梯形山地就是天然的看台。中央盆地是理想的摔跤场。赛前，成百上千的青年男女围成无数圆圈，在梯形台地上手舞足蹈，尽情欢乐。摔跤场的正前方设主席台，用竹竿支撑起的红布像旌旗随风飘扬，这叫"挂红"，是摔跤场必有的标志。大会宣布摔跤开始，裁判队伍在乐曲声中舞蹈而前，走在最前面的三位，手持"挂红"长竿，绕场一周。许多摔跤手脱下上衣，下着短裤，或挽起裤腿，蹲在场边，这就是"请战"之意。裁判们热情迎上前去，将他们扶起，徐徐绕场一周。裁判将年龄、体重、体力相当的对手配成对子，领进场地，比赛就开始了。场上可以同时进行几对、十几对的摔跤。

云南彝族的摔跤基本上是站立摔和跪撑摔，基本动作有抓住对方腰带、抱单腿、过背、夹臂翻、穿腿等，与国际自由式摔跤相似，以使对方双肩着地为胜，而且没有时间限制。四川凉山彝族摔跤又有所不同，双方先抱腰抓好，然后使用肩、臂、腰的力量将对方摔倒。运动员在场上三战两胜，败者退场，胜者再战。彝族摔跤不进行决赛，只要连续战胜两个对手，就给奖励。

壮族的抛绣球

农历三月初三，广西壮族人民赶歌墟，比歌赛智。歌墟上搭有赛歌棚。歌棚外面，小伙子和姑娘们分站两边抛绣球。

绣球是姑娘们事先绣好的。绣球形状各异，圆的，方的，八角形的，月牙形的都有，大小也不一样，小的重200克，大的重500克。里边装的是黄豆、绿豆或沙子。布料用的是五颜六色的小块绸布，上面画上或绣着花、鸟、鱼、月亮、谷穗等图案。绣球上端连着三四十厘米长的彩绳，底部缀着流苏。

抛绣球的方法各地不尽相同。有的在草坪或空地上竖起一根高10米以上的木杆，顶端钉一块木板，板上凿有圆孔，孔径在60厘米左右。圆孔周围再凿几个小洞，直径在15厘米左右。孔、洞的周围糊上颜色不同的绸布或纸，一则让目标明显，二则显得美观。竞赛以抛出的绣球穿过圆孔为胜，不中者为负。有的不竖木杆，把绣球抛过歌棚棚顶，落入对方场内为胜。如果抛球不过棚顶、出界，或者接不住对方抛过来的绣球，就算输。

绣球不论哪种抛法，都是男女分开，各站一边，人数大体相等。每次一男一女相对抛接，每负一次，被对方"俘获"一人，退出赛场，直至一方场上无人了，对方为胜。

抛绣球古已有之。宋代朱辅在《溪蛮丛笑》中说："土俗节数日，野外男女分两双组，各以五色彩囊豆粟，往来抛接。"可见，抛绣球是一种古老的体育活动。

侗族的抢花炮和赛木马

侗族的"抢花炮"，抢的不是"炮"，而是"花"。这"花"是一个圆形的铁圈，直径有6厘米左右，用红红绿绿的绸布紧紧地缠着。"炮"也不是我们常见的带有长长炮管的火炮，而是一种"土炮"：在直径20厘米左右、生铁锻制的、厚厚的圆形底座上，竖着一根长约15厘米的炮管。炮管下部有一个小小的点火孔，把火药填充到炮管中，用铁棍把火药砸实，再用纸、破布等堵紧炮管口，上面放着炮"花"。从点火孔点炮，炮"花"随着"砰"的一声冲上天空，待下落时，人们蜂拥而上，抢这个炮"花"。

从前，抢花炮多在春节期间进行，谁抢到花炮，谁就家丁兴旺，人畜平安。这可能是原始宗教仪式的一部分。

近现代的抢花炮就变成一种娱乐性的体育活动了。

抢花炮多在寨边田坝里或河滩上进行。中心是花炮台，用五彩纸在支架上扎成"宫殿"，吉联祝语俱全，旁筑评判台，各寨组成运动队参加，一般有三五个队或七八个队参赛。"咚"的一声铁炮响，炮"花"冲上半空，随即落入人群中。大家蜂拥而上，挤成一团，你推我搡，都想去抓这一个炮"花"。谁得到炮"花"也不知道。有人拼命猛跑，有人阻挡对方，有人佯装手握炮"花"，躲躲藏藏，人们迅即追过去。一会儿东，一会儿西，不知炮"花"到底在哪里。忽然有人跃上评判台，是他得到了"花炮"。顿时全场欢呼，为他喝彩。接着是第二炮，第三炮。

赛木马是侗族少年最喜欢的体育活动。"木马"不是"马"，是两根长约2米的木棍，在距着地端点二三十厘米处挖一小槽，卡着一块小木头，与木棍垂直，用绳系紧。走木马时，两手握住木棍，将它竖立，双脚先后踏到小木块上，适当掌握平衡，就可以抬腿迈步。如身体僵直，不会掌握平衡，就要掉下来。这有点像汉族的高跷。比赛时，边走木马，边对对手使绊。把别人绊得从"马"上掉下来，而自己不倒，就是优胜者。

佤族的射弩、打陀螺和"莫海亚"

佤族多居住在林茂的山区，喜欢用弩射杀飞禽走兽，是云南省擅长于制作和使用射弩的山地民族之一。佤族居住的山区位于澜沧江和萨尔温江之间、怒江山脉南段地带，亚热带气候、四季葱绿。原始林、次生林和灌木丛分布于高山谷地及村寨周围。这里栖息着象、虎、熊、鹿、麂子等各种野生动物。这样的环境使佤族很早就成为了善射猎的山地民族。据《华阳国志》记载山地居主"善用竹弓，入林射飞鼠无不中"，"用木弓短箭，簇付毒药，中者立毙"，这里所说的"木弓"和"竹弓"实际上是指弩。相同的记载也散见于其他历史文献中，《云南志略》云："蒲蛮……善用枪弩"。蒲蛮即今天的佤崩语支各族先民。历史文献有关佤族用弩而不用弓这一习俗的记载可与云南沧源崖画相互印证。

　　现在射弩比赛一般在农闲和节日里举行，老中青男子都可参加。比赛时有两种姿势，一种是立射，一种是跑射。在高大的树杈上插3支箭，射手们要在50米处瞄准目标，连发三箭，要把树上插的箭统统击落。凡是在射弩比赛中获得第一名者被称作"神射手"，受到人们的尊敬和赞扬。

　　在佤族的射弩技巧中，还有一种高水平的技巧——射刀刃，这是检验佤族优秀猎手的最佳手段。这种射法是将一把刀插在地上，刀刃朝着射手。在距离20步左右，射手们蹲在地上用弩箭向刀刃射击。一旦射中，竹制弩箭就会被刀刃切为两半。这种技巧的弩射，必须具有准确的击发、锋利的刀刃和强劲的力量。因此，在佤族民间，射刀刃不但成年人喜爱，儿童也参加比试，这使得佤族民间的射弩风气更为盛行。

　　少数民族传统体育"打陀螺"是一项具有浓郁特色的传统体育活动，深受广大少数民族同胞的喜爱。在秋后收获季节，在欢度佳节或是喜庆日子的时刻，男女老少打陀螺的身影随处可见。

　　佤族一般在新米节、春节，各村寨相互邀约分组进行比赛。从六七岁的男孩到四五十岁的中年男子，都很喜欢打陀螺。佤族的陀螺制作十分考究，形状多样。有高脚陀螺，也有矮脚陀螺。形状似特产于云南南部的一种野生菌——鸡棕，用硬质木头制成，圆形，高约 7～8 厘米，直径约 6 厘米，头大身细，旋转快，且能发出清脆的嗡嗡声。

打陀螺融娱乐、游戏、健身于一身，在上千年的流传过程中逐渐形成单人对打、双人对打、双打单、多人对打等多种形式。

打陀螺是一种冲撞赛。先在地上画两条线，分前、中、后三场。前场为旋转陀螺区，中场为打陀螺区，后场为甩陀螺区。玩时，以细绳缠陀螺，猛抽绳，将陀螺投放在地上使其旋转起来。参赛者轮流转陀螺和打陀螺。一人先放陀螺在前场旋转，打陀螺人要在中场后，扔出自己旋转的陀螺打击前场的旋转陀螺，以将其砸出界外，自身保持旋转者为胜。击不中，第二人接着打，如打中，但未使前场的旋转陀螺跳出界外，接着打的人就要退到甩陀螺区去打陀螺。

"莫海亚"，又称佤族鸡毛球，与其他少数民族鸡毛球项目类似，是佤族同胞爱好的一项民族传统体育项目。每有空暇，佤族青少年都打鸡毛球特别是春节期间，男女老少都参加活动。鸡毛球制作方法既简单又美观，选上若干根颜色鲜艳的公鸡羽毛捆扎起来，同时选用数根山鸡毛作为球尾，使球平衡。底部取少许棉花用布包扎而成。拍打起来，好像一只五颜六色的小山鸡在空中飞行，非常好看。打鸡毛球不用球拍，而是用手掌拍击，每个人可拍打两次，如果一方没有接住对方击过来的球，就算输了一球。打鸡毛球可男女老幼对打，各家各户自己打，可进行单打或多人交叉打，青年男女在一起混合打。打鸡毛球不受场地的限制，宽一点的屋里和草坪都可进行，此项活动既可增强人们的体质，又能丰富人民的文化生活。

满族的珍珠球

吉林省松原市扶余县是满族的故乡。满族的祖先和其他民族一样，创造了自己的体育项目——珍珠球。

珍珠球原名"采珍珠"，满语"尼楚赫"，指把珠子扔进筐里的意思。这项活动源于东北满族先民到江河中去采捕一种蛤蚌，取出里面的珍珠的渔猎活动。兴起于清太祖时期，盛于康熙、乾隆等朝代，准确反映了满族人民当时的生产劳动情况，对研究生产习俗有一定的历史价值。

据《吉林旧闻录》载："前清时，乌拉总管旗署设有珠子柜，采捕者有专役，名曰珠轩。十人或十二人为一排，腰系绳索，每当仲秋入河掏摸，以备贡品。"满族入主中原后，把东北大片土地划为"龙脉"之地加以保护，只允许"八旗牲丁"进入采捕狩猎，以资朝廷为贡。在"贡品"中，有一种叫"东珠"的贡品。它们生长在东北江河中的蛤蚌壳里，这种珠子粒大、色美，品种纯正，领头采珠的人叫"珠轩达"，采珠的人叫"牲丁"。每年农历四月和深秋，珠轩达便率领牲丁们上江河里采珠了。满族青年男女在狩猎、打鱼、采珍珠劳动之余，往往在陆地上以蚌当"珍珠"互相往鱼篓中投掷，投中者预示着下河能采到更多的珍珠。为表示采珍珠的艰难，他们常常把蛤蚌神化了。

当"蛤蚌精"张开躯壳防备珍珠不被抢走而"采"的人又极力想"采"时，便形成了这项民族体育——"采珍珠"，后来演变为布口袋、牛毛球或彩球代表珍珠。场地划分水区、蛤蚌区和"威呼"（满语"船"）区。采珍珠人在水区设法摆脱蛤蚌区的防守，把布袋儿或彩球投到"威呼"区同伴的手里。这种游戏当时在松花江、拉林河一带开展较为普遍。游戏时，蛤蚌区要夹住"来犯"之"敌"，保护珍珠不被夺走，于是就展开了争夺战。

1990年，满族这个攻守兼备的民族体育项目——采珍珠，被国家体委定为全国少数民族传统体育运动会的正式比赛项目，并定名为"珍珠球"。

"珍珠球"为周长50～65厘米的充气皮球或橡胶球，还可以用小手球、儿童排球或小足球代替。球拍呈蛤蚌壳状，长40厘米，宽30厘米，木柄长18～20厘米。网篮用铁筋和网制成，铁圈直径30厘米，网深30厘米，长15厘米。

满族珍珠球比赛打法并不复杂，但对抗性很强。每场有两个队参加。每方为7人，水区4人，称采珠手；防区2人，称蛤蚌手；得分区1人，称得分手。比赛开始由攻方1人（水区队员）站在中圈的半圈内将球传给本方队员。4名水区队员通过传、运、接球等技术性动作去突破对方水区队员和防守区的"蛤蚌手"防线，将球投入本方得分手网中，算得分。

　　珍珠球比赛场上裁判3人。一方得分后，由另一方蛤蚌手发球继续比赛。如此循环，采珠多者为获胜。比赛分上下两场，每场进行20分钟。终场如出现平局，就采用进行决胜期比赛的方法决出胜负。

　　东北满族珍珠球竞技活动是一种歌颂劳动、歌颂生活的有趣活动。由于从前主要在吉林松花江边的乌拉街地区和伊通满族自治县内举行，所以又被誉为东北满族"老家"的民族游戏。因为这两个地区有许多家族是当年为朝廷采捕"东珠"的后人，是他们一代代将这种古老的运动传承下来，保护下来。如乌拉街的关氏家族、赵氏家族、张氏家族、石氏家族，都是"珠轩达"的后人。

满族珍珠球已被列入第一批国家级非物质文化遗产名录了，与这项活动一同传承和延续下来的，还有满族先民在久远的历史岁月中同大自然搏斗的那种勇敢勤劳和集体主义的精神及浓郁生活气息。

土家族的高脚竞速

高脚竞速，俗称"高脚马"，又称"竹马"，是一项深受土家族人民喜爱的民族传统体育项目。土家语谓其"吉么列"。由民间"高脚马"发展而来。相传在新中国成立前的少数民族地区，由于浅水河流比较多，在雨季或过浅水河流时为了不湿鞋袜，而以此作为代步的工具，特别是对于喜欢穿好布鞋的土家族群众来说，它不失为一种极好的趟水工具。后来逐步发展成为少数民族在节庆活动中进行竞速、对抗的传统体育比赛项目。

高脚竞速所使用的器材称为"高脚马"，杆为竹、木或其他硬质材料制成，高度不限，从杆底部向上30～40厘米处加制踏蹬，踏蹬高度的丈量从杆底部至踏蹬与杆枝点的上沿距离为准。比赛所用场地为标准田径场。高脚竞速是运动员在高脚马上进行速度和力量的比赛。

　　比赛方法有3种：一是高脚马竞速赛跑，其赛跑路程视其场地的大小而定，一般30～60米，跑直线或往返跑均可。每组可数人、十几人，由运动员双手各持一杆，同时脚踩杆上的脚踏蹬，以在同等的距离内所用的时间多少决定名次，先到终点者为胜。二是高脚马对抗，两名运动员各自踩在高脚马上，彼此对撞，先下马者为输。三是高脚马表演。

少数民族歌舞文化

　　五千年的中华歌舞文化源远流长，它诞生于原始时代，并在历史的进程中不断发展、整合、壮大，凝聚着我国先人的智慧与创造，各民族的舞蹈都在向后人传递着远古的故事。

景颇族的"目瑙纵歌"、"刀舞"

　　景颇族素以刻苦耐劳、热情好客、骁勇威猛的民族性格著称。他们用勤劳的双手征服大自然，用大长刀与恶势力作斗争。历史上，多次顽强抵御外敌侵入，为保卫祖国领土立下了功勋。今天的景颇族为建设美丽的家乡贡献力量，而歌舞就是他们情感表达的一种方式。

　　景颇族有一个历代相传的传说：以前人间没有歌舞，只有天上才有。有一年，太阳公公邀请地上的百鸟到天上去做客，参加天上举行的目瑙纵，百鸟就学会了唱歌跳舞。它们回到地上以后，很是高兴，就公推学得最好的孔雀做"瑙双"（意为领头的），然后它们聚在一起跳了起来。这一情景正好被景颇族的祖先腊贡扎夫妻看见了，便偷偷默记下来，传给了世人，从此人间才有了歌舞，这就是景颇族的目瑙纵歌，并且至今"瑙双"表演时仍须带孔雀羽毛，这是为了感谢孔雀的功劳。

一年一度的"目瑙纵歌"作为景颇族具有浓厚仪式性和祭祀气氛的民俗活动，也作为歌舞的节日流传下来。"目瑙纵歌"是景颇语的音译，意思是歌舞盛会或大伙跳舞。活动场地一般设在山寨中的平坦广场上。在场地的一边，人们高高竖起4根绘有代表阳、阴两性的"太阳"纹和"月亮"纹的木牌柱，以各种形状线条来象征景颇族祖先历经艰难险阻、跋涉千山万水最后定居于今日住地所走过的遥远路程，中间两柱之间系有两把交叉的景颇长刀。寓意景颇族的祖先曾经用它刀耕火种，开荒辟野，使人们不忘先祖创业的艰辛，并发扬团结奋斗的民族精神。木牌柱下还放置着具有图腾寓意的孔雀、犀鸟等吉祥物，作为整个"目瑙纵歌"活动场地的祭祀标志。

　　正月十五清晨，来自各方的景颇族人身着盛装陆续集中到集会广场，等待着活动的开始。届时，在盛会中参加礼仪的姑娘们，各个头戴红穗筒帽、身穿带有红色花纹的筒裙和黑色圆领对襟短上衣，上衣外披锡质银泡相连的披肩，在明媚的阳光照耀下，衬托出年轻姑娘们

的端庄俊美与无限的活力。青年男子们也各个身挎腰刀，分别头缠末端绣有各种花纹图案和缀有小绒球的白色包头，表现着景颇男子特有的精悍与英武。

　　活动开始，两位德高望重、备受当地人们推崇的长者"瑙双"，穿着近似过去巫师的"龙袍"，头上戴着镶插有犀鸟嘴、野猪牙、孔雀羽毛等饰物的"神帽"，手持长刀先绕场一周，表示传说中景颇人先祖，从鸟禽那里学会了太阳神子女们所跳的舞蹈，以此祈福、消灾。然后人们便在"瑙双"的带领下，排成两列纵队伴随着象脚鼓、芒锣、小

三弦和葫芦丝乐曲，在广场上高高竖起的木牌前，紧密相连地围绕成圈边唱边舞。整个舞蹈动作简单，舞步刚健有力、节奏明快。数以千计的景颇族人在"瑙双"的带领下，井然有序地不断变化着队伍行进的方向和路线。在舞队的行进中，英姿飒爽的青年男子，一边呼喊着口号一边挥舞手中长刀；轻盈婀娜的少女们随舞步频频摇动彩帕，好似彩蝶纷飞、万花飘落。舞队少则千人，多则万人以上，吼声震天，气贯长虹，堪称世界上规模最大的集体舞蹈、天下最壮观的舞蹈。使在场的人们深深地被景颇族人民对祖先与故地的怀念和对民族迁徙衷心赞颂的精神所感动。

随着时间的流逝，景颇族的"目瑙纵歌"活动，除举行祭祀"木代神"礼仪和由全体族人参与的气势宏大的"万人舞"外，现在还增加了在丰收后跳舞"争目瑙"，表现与外族发生争战，准备出征时跳的"布当目瑙"，家庭财源茂盛，人丁兴旺时跳的"岁目瑙"；官宦家中祭祀"木代神"时所跳的"粘目瑙"，贵族家娶亲办婚礼时跳的"空然目瑙"，同胞兄弟分家自立门户时跳的"贡冉目瑙"和人们迁居时跳的"公来目瑙"，新建房屋落成时所跳的"腾肯目瑙"等等传统舞蹈表演。这些舞蹈动作基本相同，只是舞具和舞蹈方向有所差异。此外，为了增加活动的欢愉，人们自娱性舞蹈和武术表演也被纳入了活动范围。其中，为显示武艺水平和娴熟技巧的"刀舞"，是景颇族代表性的男子舞蹈，是青年男子所热衷的项目。景颇族"刀舞"不但有固定的程式和动作套路，而且已形成了各自不同的流派。各种流派的"单刀"或"双刀"独舞或持刀双人对打等不同表演形式，在动作与风格上都各有独特之处。

在中缅边境小城芒市举行的 2012 中国·德宏景颇族国际目瑙纵歌节上，由居住在云南德宏傣族景颇族自治州 1 039 名景颇族民间艺术家集体表演的景颇族刀舞，经世界纪录协会高级认证官现场确认，创世界纪录协会"世界最大规模的景颇族刀舞"世界纪录（非体育赛事），获得该协会颁发的世界纪录证书。

今天，景颇族的歌舞已成为民族竞技、商贸交流、弘扬民族文化、振奋民族精神的盛大节庆活动，是各民族团结和睦的桥梁和纽带。

朝鲜族的鹤舞、农乐舞、剑舞

朝鲜民族能歌善舞，无论年节喜庆，还是家庭聚会，男女老幼伴随着沉稳的鼓点与伽倻琴，翩翩起舞习以为常。朝鲜族民间舞蹈在继承传统文化的基础上形成了特有的风韵，以潇洒、典雅、含蓄、飘逸而著称。

朝鲜民族悠久的乐舞传统有着深厚的历史积淀和文化内涵。朝鲜民族自古以飞鸟为民族图腾，在道教文化的影响下，他们把"鹤"视为天界与神仙相依的飞鸟而称作"仙鹤"。随着科学的进步，虽然人们思想中宗教色彩逐渐淡化，但对仙鹤的喜爱与崇敬却始终留存。在大自然的陶冶下以及和各民族的交往中人们把仙鹤作为长寿和幸福的象征，因而在朝鲜民族舞蹈中，模拟鹤的自然形态的舞蹈形象很多，像

"鹤立"、"鹤步"、"鹤飞翔"等，经过艺术的升华，使仙鹤典雅、飘逸、潇洒的风韵，化为舞蹈的动作，形成了讲究"鹤步柳手"的朝鲜族舞姿。

"鹤步"是朝鲜舞的一种基本的步态，即模仿鹤的步态起舞，并在"鹤步柳手"的姿态中，以内在之动，带动外在之动，动起来松弛自如，潇洒流畅，静下来婀娜多姿，仪态万方，有如花朵含苞待放，这就是朝鲜舞的魅力所在。所谓"柳手"，就是在朝鲜舞蹈中，手的动作很少有腕部的主动领腕动作，力的起点在大臂，由肘部带动，整个的动作过程腕部不能用力，手部只有食指稍稍用力向上翘，其他手指都不能用力，而是要自然伸展，这样就形成了随风摆柳的姿态。

"鹤舞"是朝鲜族独有的一种舞蹈表演，具有悠久的历史，主要通过模拟鹤的悠闲动作，搭颈、啄鱼和摆臂等动作，描绘出人们向往美好生活的心态，外在形式展现鹤翔长空的优美姿态，内在含义则继承古代民族高句丽时代的崇鹤传统和对善与美的强烈追求。它是朝鲜族民间舞中唯一的鸟类假面舞，其特征为明显标志、朴素、柔和、舒展，是一种特殊的艺术表演形式。它具有民族特色和艺术研究的价值，对于研究朝鲜族舞蹈有极高的参考价值，对丰富和完善中国民族舞蹈形式具有重要的意义。

朝鲜族民间舞蹈之一"农乐舞"俗称"农乐"，流传于吉林、黑龙江、辽宁等朝鲜族聚居区，集演奏、演唱、舞蹈于一体，是最有农耕生产生活特征的朝鲜族传统民间舞蹈。其历史可追溯到古朝鲜时代春播秋收时的祭天仪式中的"踩地神"。在原始种族的狩猎劳动和祭祀活动中，随着农耕时期水田劳动的发展演变而来。

朝鲜族农民自春天准备耕种开始，自行组合，清晨同去大田劳作，黄昏返回村庄，在劳动的路上，边行进边歌舞，通过歌舞消除疲劳，加强团结，号召人们热爱农耕生活。

这样使农乐舞日渐丰富完善，并被作为推动生产的一种手段承袭下来。根据劳动内容、场合的不同，唱不同的歌，跳不同的舞。

现在"农乐舞"的表演共包括12部分。有青年男子表演的"小鼓舞"，舞童表演的"叠罗汉"，多人表演的传统"扁鼓舞"，男女都可表演的"长鼓舞"，多人持大型花扇表演的源于古代"巫舞"的"扇舞"，以及最后压阵的男子"象帽舞"。其中象帽舞最有特色，舞者戴特制的帽子，上有可以旋绕的长缨。舞时摆动头部使长缨在头顶、身侧旋绕飞舞。手中击打小鼓，以喜鹊步跳跃前进，如腾空遥射，如冲锋向前，头上的长缨不断旋绕，充分表现出朝鲜族劳动人民的乐观精神。

朝鲜族剑舞又称剑器舞，是手持可转动的短剑表演的女性舞蹈。短剑联接特制木柄，剑柄与短剑之间有活动装置，剑身可自由转动，表演者可使短剑随腕甩动、旋转，使其发出有规律的铿锵音响，与优美的舞姿相辅相成，造成一种特有的气氛。剑舞的音乐基本上以"打铃"节奏的曲调贯串始终，并与剑声相谐。剑舞原为男子表演，后经长期流传，逐渐演变成为缓慢、典雅的女性舞蹈形式。

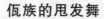

佤族的甩发舞

佤族的甩发舞，是广泛流传于佤族姑娘中的一种自娱性舞蹈。早年起佤族姑娘就酷爱长发，以长发为美，并从小习惯长发披肩。黑发直泻腰际，浑身洋溢出一股粗犷自然的青春气息。每当姑娘们在水槽边、竹楼晒台上，用水洗净头发后，都要低头梳整，然后甩发晾干。此时头发左右摆动，随风飘舞。近数十年来，甩发舞作为佤族舞蹈的标志性动作之一，主要以口传身授的方式传承下来。

佤族甩发舞的舞者自歌自舞，无乐器伴奏。服饰以黑、红色搭配为主色调，简洁大方，配以银头箍、各色珠链、大圈耳环、银手镯等。舞蹈人数不限，几人至数十人均可携手成排或成圆圈起舞，边唱边跳。舞步为上步、退步、左右移步，每唱完一段唱词后，身子后仰，接着左右前后猛然地甩起长发狂舞，像火焰升腾，似瀑布飞溅，又如巨浪翻腾，柔中有刚，充满阿佤人特有的活力，整个舞蹈节奏强烈，动作优美潇洒，展现了佤族姑娘热情奔放、粗犷纯朴的性格，给人美的享受。

此外常见的佤族舞蹈有"圆圈舞"、"舂米舞"等等。

蒙古族的安代舞、盅碗舞、筷子舞

安代舞发源于库伦旗，据考证约形成于明末清初时期。清朝中期，各地闯关东的移民大量涌入草原，不同部落、不同地域的文化风俗相糅合孕育了具有广泛群众性的安代舞。

安代舞在每年的秋收季节，人们能从傍晚跳到天亮。连续 7 天，甚至 21 天，最长达 49 天。舞者数目不定，最少十几个人，多达几百个人。其规模之大，参与人数之多，堪称中国民间舞之最。

传统安代舞的主要特征是常以歌相伴。"踏步"、"跺脚"、"甩巾"及自定围圈是安代舞通常使用的基本步伐。在安代舞的发展过程中蒙古族人加入了大量的民歌、祝赞词。舞蹈与说唱有机地结合为一体，逐步形成了几十种曲目。

在库伦等地流行的安代舞有"阿达安代"、"乌日嘎安代"等 12 种。安代通常是在节庆或闲暇时进行，一人领唱众人应和，只要依其音乐的节奏甩巾踏步，男女老少皆可入场与领唱歌手相应进行欢跳、载歌载舞。安代舞有强烈的自娱性，没有时间、地点的限制，鲜明的民族特色和浓郁的生活气息，轻松愉快。

安代的音乐曲调风格独特，富于感染力。歌手根据不同情景表达不同的情感。安代的唱词除开场和收场部分因仪式需要基本确定不变之外，其他皆不固定。那些才思敏捷、善于辞令的歌手可以尽情地用诙谐幽默的唱词抒发情感，或赞美，或嘲讽，或嬉笑怒骂，不拘一格。

安代舞以其浓郁的"民间本色"和"癫狂之舞"的特征而备受蒙古族人民喜爱，渐渐成为内蒙古地区蒙古族宗教仪礼和"那达慕"盛会上最受欢迎的狂欢之舞。

蒙古族的盅碗舞、筷子舞同属表演性道具舞蹈，使用的道具筷子、盅碗，都是农区常用的生活用具。这说明筷子舞与盅碗舞和农耕文化紧密相关，然而舞蹈的技巧与表演风格，却不失草原文化的特色，是别具一格的蒙古族民间舞蹈类型。

蒙古族盅碗舞，亦称"打盅子"。为欢宴节庆、亲人团聚时所跳的一种女子独舞，后又形成群舞，并搬上舞台。

盅碗舞

　　盅碗舞过去由男性表演，1950年以后多由女子表演。蒙古族盅碗舞的舞姿，温雅婉约，以琵琶、胡琴、古筝伴奏弹唱和之。表演者双手各持盅子一对，用食指、无名指夹住上面盅子的边缘，中指扣于盅内，大拇指托住下面的盅子。两盅之间有空隙，可以碰击作响。表演开始时，舞者坐于地毯上缓缓起舞，盅子随着音乐节拍发出规律的响声，或轻抖双腕，使盅子碰击，发出细碎清脆银铃般美妙的声音。然后舞者慢慢站起，两臂伸展、屈收，在胸前环绕，进退或绕圈行走。因受蒙古包场地及手执盅碗的限制，基本上以跪、坐、立等动作，凭借手、腕、臂、肩的弹、挑、拉，糅和以腰为轴的前俯、后仰进行表演。技艺精湛者，可头上顶一叠碗，双手各执一道具或各托一燃灯，一边快步奔走，一边作流星似的盘旋绕动，这时灯焰摇曳飘忽，舞姿轻盈优雅，动作舒展流畅，柔美端庄，引人入胜。器乐婉约流畅，富有独特的艺术魅力，给观众带来极大的欢愉。

　　筷子舞流传于内蒙古伊克昭盟地区，是婚礼、喜庆节日欢宴时，在弦乐及人声伴唱下，由男性单独表演的舞蹈形式。表演者右手握一把筷子敲击手掌、肩部、腰部、腿部等处。击打时肩部环绕耸动，腕部翻绕灵活，敲打的声音清脆，节奏鲜明，情绪热烈欢快。舞者时而转身打地，时而蹲跳打脚。后来，专门把筷子的一端用小绳穿起来，又缀以红绸，成为精美的道具，可单手也可双手持之表演。表演者两手各握一把筷子，手持筷子的细头，击打筷子的粗头。双手胸前交叉击打筷子，也可击打双肩；双手腹前交叉击打筷子；双手胸前击打筷子；一手打肩一手交叉打腿；一手打肩一手转圈打击地面蹲转；双手胸前打筷子接一手顺着打腿，再双手胸前打筷子接一手交叉打肩等。脚下舞步有平步行进与后退，亦有点地步行进后退，或各种转和跳跃的动作随舞者即兴而做。各种动作基本上保持着半蹲的舞蹈姿态。慢舞稳重深沉，快舞则飘洒矫健。情绪高昂时筷子绕身飞舞，可在各种动作上击打身体的各部位，场面轻松热烈。从而增强了表现力，遂广泛流传开来，并成为经常上演的舞台节目。现在已经有了女子集体或男女集体的编排。

筷子舞的伴奏乐器有三弦、四胡、笛子、扬琴等，伴唱的歌曲多用伊克昭盟地区流传的民歌，以4/4拍、2/4拍居多，表演往往是由慢转快，或原地、或行进，最后在快速表演的高潮中结束。

筷子舞手和肩的动作非常突出，具有欢快、优美、矫健的风格，凝结着蒙古族人民热爱生活的情意和美化生活的智慧，反映了蒙古人的热情豪放的感情特点，是蒙古族人民精神生活的组成部分。

傣族的孔雀舞、象脚鼓舞

孔雀舞傣语为"嘎洛诺"，原意"跳孔雀"，属傣族模拟性舞蹈中最具代表性的舞蹈之一。孔雀那美丽的羽衣，优美的舞姿，高雅的体态，成了民间艺人学习和模仿的对象，孔雀舞成为傣家各类活动不可缺少的表演性舞蹈。

关于孔雀舞傣族人民还流传着一个美丽的传说，传说在很古老的时候，傣族有一个王国，国内有一个英俊又高贵的王子，王子与孔雀国美丽的七公主结为夫妻后，公主教她的子民跳孔雀舞，并教会了他们做孔雀衣，百姓们都很尊敬爱戴她，公主和王子幸福地生活着。

傣族人民喜爱和崇尚孔雀，把孔雀视为善良、智慧、美丽和吉祥、幸福的象征。在种类繁多的傣族舞蹈中，"孔雀舞"是人们最喜爱、最熟悉，也是变化和发展幅度最大的舞蹈之一。傣族民间传统的"孔雀舞"有着悠久历史，在傣族聚居的坝区，几乎月月有"摆"（节日），年年有歌舞。每年只要是尽兴欢乐的场所，傣族人民都会聚集在一起，敲响大锣，打起象脚鼓，跳起姿态优美的孔雀舞，歌舞声中呈现出丰收的喜庆气氛和民族团结的美好景象。

民间传统的孔雀舞，可以独舞、双人舞或三人舞的形式进行表演。过去都由男子头戴金盔、假面，身穿有支撑架子外罩孔雀羽翼的表演装束，在象脚鼓、镲等乐器伴奏下进行舞蹈。舞蹈有严格的程式，其中有丰富多样、带有寓意的手形与各种跳跃、转动等舞姿，伴随着优美的"三道弯"躯体造型，塑造孔雀"林中窥看"、"漫步森林"、"饮泉戏水"和"追逐嬉戏"等神态和自然情景。虽然由男子表演的传统孔雀舞动作偏于刚健、挺拔少有阴柔之美，但流畅的舞姿欢快，跳跃性强，与模拟孔雀的优美造型往往令观者沉醉其中。

　　女性表演孔雀舞时，女性的温柔、美丽，更使孔雀舞增加了独特的韵味和魅力。孔雀舞的内容，还增加了下山、拖翅、亮翅、点水、飞翔等内容，感情内在含蓄、舞蹈语汇丰富，舞姿富于雕塑性。

　　傣族人把孔雀作为自己民族精神的象征，所以其特点在某些方面是有差异的。大致膝部起伏柔韧而较缓慢，手上的动作柔软一些，三道弯的造型线条柔和，常用拱肩、柔肩、拱胸来加强其优美、内在的感觉。孔雀舞十分讲究手的动作，以手形象征孔雀头颈，变化多姿，生动传神，给人一种美的享受。

　　象脚鼓舞，傣语称"仿光托"，是最具特色、流传最广的傣族男性舞蹈。因挎着形似象脚的鼓起舞，故名象脚鼓舞。几乎傣族所有的小伙子都会跳。象脚鼓舞的跳法有独舞、双人舞、集体舞等形式。象脚鼓舞与象脚鼓是分不开的，傣族象脚鼓分长、中、小3种，长象脚鼓舞动作不多，以打法变化多、鼓点丰富见长，有手打、掌打、拳打、肘打，甚至脚打、头打，多为一人表演；中象脚鼓舞一般用拳打，个别地区用槌打，舞步稳重刚健，大动作及大舞姿较多，舞蹈时不限定人数，人少时对打，人多时围成圆圈打；小象脚鼓舞仅在西双版纳较多见，舞步灵活跳跃，以斗鼓、赛鼓为特点。

象脚鼓舞在傣族的文化生活中占有重要位置。每当工余、节日或赛鼓盛会，身背象脚鼓的小伙子从各村寨赶来，跳起矫健、浑厚、灵活的象脚鼓舞。动作刚柔相济，舞姿动感强烈。舞者以左肩背鼓，左手扶住胸左侧的鼓首，右手边击鼓边舞。舞者膝部按节奏屈伸，小腿敏捷地跳跃，提气，收腹，挺胸，加上头部、眼神巧妙配合，显出稳健、豪迈、有力、热情而潇洒，具有浓郁的傣族风格。独舞讲究功底和韵味，舞步线路变化多端；集体舞讲究整齐对称，队形多为方阵或圆形。赛鼓时，许多象脚鼓同时敲响，鼓声震天，喊声雷动，场面壮丽动人。

藏族果谐、堆谐和锅庄

藏族自古以来就是喜歌善舞的民族，大自然造就了藏族人民嘹亮的歌喉、矫健的体魄，悠久灿烂的高原农牧文化和劳动生活则是他们即兴歌舞创作的源泉。藏族民间舞蹈可分为自娱性舞蹈和表演性舞蹈两大类，广场自娱性舞蹈主要有谐、卓、果谐等，表演性舞蹈主要包括堆谐、热巴、囊玛等。

"果谐"是藏语音译，"果"意为圆圈，"谐"意为舞。它是流传在西藏广大农村的一种拉手成圈，载歌载舞，连臂踏歌的自娱性集体歌舞。因为"果谐"流传在广大农村，常见于村头、广场、打麦场上，所以有人称"果谐"是西藏的农村歌舞。

"果谐"表达的内容非常广泛：有抨击旧制度的，有歌唱劳动生活的，有描绘自然景色、热爱家乡的，有赞美人生、祝愿吉祥、幸福和昌盛的，还有倾吐爱情的。歌唱党，歌唱祖国，歌唱解放军，歌唱社会主义新生活的内容尤为突出。到了舞蹈高潮时歌词可以即兴创作，在一般情况下歌词内容和舞蹈动作密切相关，唱到什么词意，舞者做什么动作，如唱到"节培拉"（即藏式行礼），舞者就做藏式行礼动作；唱到"左玉拉"（即汉式行礼），舞者就作汉式行礼的作揖动作。

舞蹈动作比起歌词较为单调，"果谐"的主要动作是脚的跺、踏、踢、撩，膝盖的颤动，手臂的甩动，其中跺、踢、撩是"果谐"的步伐核心。跺步有力，踏步轻脆，撩腿敏捷，每个动作有快、有慢、有收、有放，收、放适度，刚柔并重，基本步伐有"两步两跺"、"双晃手"、"三步一吸"、"围腰手"、"前踢步"、"双甩手"等，步伐铿锵有力、热烈活泼、节奏鲜明，整个动作富有浓郁的农业劳动气息，给人一种激情和振奋。

在望果节里，场地上摆着一缸青稞酒，人们围着酒缸拉圈起舞，男女各站一边，分班歌唱，从左到右沿圈踏步走动。当唱词告一段落之后，由"谐本"（歌舞队的组织者）带头发出"休休休休"的叫声称为"谐个"，就是歌头、开头舞步，以"休休休休"或"次次次"的叫声，或一齐拉手叫"阿甲嘿！——"，和着节奏，踏地舞蹈。因为民间跳"果谐"人数众多，一般又无伴奏乐器，集体起舞很难整齐，"谐个"就起到了激发情绪、整齐步伐共同起舞的作用。跳完歌头，紧接着是一段快速歌舞，男方跳一段后女方跟着也跳一段，出现男女舞蹈竞赛的热烈场面。藏族人民就这样从日出跳到夜晚，从深夜唱到天明。"果谐"是社会性的群众集体歌舞，参加这项活动的人既是舞者又是欣赏者。

"堆谐"，从农村"果谐"演变来的，"堆"是"上"或"高地"之意，因此"堆谐"就是泛指后藏雅鲁藏布江上游的昂仁、定日、拉孜、萨迦县以及阿里一带叫做"堆"地区的农村圈舞。这种"堆"地区民间舞传入拉萨之后，立即为各阶层人士所喜爱，逐渐盛行于拉萨。这是最早出现的由六弦琴乐器伴奏的舞蹈。"堆谐"后来逐渐演变成了在小型乐队伴奏下的、以踢踏步为特色的男子表演舞蹈——踢踏舞。因最早流行于拉萨的街头、旷地、"林卡"（园林），故又有人叫它"拉萨踢踏舞"。其基本步法有左起三步一变，右起连五步、七步、九步，以及踏步转等交错组合，脚下发出各种音响节奏。后来配上洋琴、笛子、京胡、六弦、串铃等乐器组成的乐队伴奏，并把"堆谐"舞曲规范成由"降谐"（慢歌）、"谐个"（歌头）、"觉谐"（快板歌舞）、"谐休"（尾声）组成的较完整的结构形式，从而逐步从自娱性向表演性过渡。

"锅庄"藏语称"果卓"，也是一种集体舞，起源于古代藏民围着篝火或室内锅台，进行自娱性的歌舞。舞蹈动作中包括对动物姿态模拟、相互表示爱情等舞蹈语汇。锅庄的风格和特色，因受农区和牧区不同地或与文化的影响，在形式、风格以及跳法上，都有着不尽相同的风格与特点。在西藏，锅庄以昌都锅庄最为有名，每逢节日、庆典、婚嫁喜庆之际，广场上、庭院里，男女相聚，围成圆圈，自右而左，边歌边舞。男性穿着肥大筒裤，有如雄鹰粗壮的毛腿，动作多模拟雄鹰的形态，如鹰展翅，鹰跳，鹰盘旋等等，舞姿矫健雄壮；女子脱开右臂袍袖披于身后，飘逸洒脱。男女各站一边，拉手成圈，分班唱和，歌词中有"雪山哟，快闪开，我们展翅飞舞；江河哟，快让路，我们迈开舞步……"的豪言壮语，是藏族人民剽悍气质在舞蹈中的表现。通常由男性带头领唱，歌声嘹亮穿透力强，舞群和着歌曲作"甩手颤踏步"沿圈走动，当唱词告一段落后，众人一齐"呀"（拟声）地一声呼叫，顿时加快速度，伸展双臂侧身拧腰大错步跳起，挥舞双袖载歌载舞，奔跑跳跃变化动作，尤以男性动作幅度较大，伸展双臂有如雄鹰盘旋奋飞。女性动作幅度较小，点步转圈有如凤凰摇翅飞舞，具有健美、明快、活泼等特点。舞圈中央通常置青稞酒、哈达，舞毕由长者或组织者敬献美酒、哈达，兄弟姐妹情谊得到升华。昌都锅庄中男女老幼皆可随意加入或退出跳舞队伍。只是男女领舞不能随意更换，若需要换也必须是大家公认的嗓音好、歌词熟练且又能压得住阵的人才能有资格出任。锅庄之所以深受广大群众所喜爱，代代相传，长盛不衰，在于其不受地点、时间、人数限制。即喜庆节日、平时均可跳；农牧区、城镇、宅内和宅外也可跳；少则几个人，多则上千均可跳，这种表演形式，可以充分表达藏族人民热爱生活、热爱劳动、热情豪迈的民族特性。

土家族摆手舞、毛古斯和八宝铜铃舞

摆手舞，土家语称"舍巴日"，是土家族过"赶年"中最富民族特色、最有影响的大型歌舞，是一种祈求幸福、酬报祖先，并带有浓烈的祭祀色彩的舞蹈。据史书记载，最早源于商周时期巴人的军战舞。西汉时，巴人的这种军战舞成为汉宫廷乐舞，被称为巴渝舞。梁又复原称，后改为鞞舞。唐初，巴渝舞列为清高乐。从汉到唐宋，巴渝舞在民间经久不衰。后盛行于明清，流传至今已有千年历史。

土家族摆手舞集歌、舞、乐、剧于一体，歌随舞而生，舞随歌得名。表现开天辟地、人类繁衍、民族迁徙、狩猎捕鱼、养蚕绩织、刀耕火种、古代战事、神话传说、饮食起居等广泛而丰富的历史和社会生活内容。土家人跳摆手舞讲究时辰、场地和规模。按其举行的时间分为"正月堂"、"二月堂"、"三月堂"、"五月堂"、"六月堂"等。舞蹈场地一般在坪坝上。跳摆手舞不拘人数多少，少者数百，多则上万，按其规模大小分为小摆手、大摆手。

小摆手是本村本寨，每年举行以祭祀本姓祖先、农耕为内容，规模较小，土家族居住区普遍盛行的一种文化习俗活动，流行于酉水流域。过去，凡百户之乡，皆建有摆手堂，有的还建有排楼、戏台等。来凤舍米湖、大河等地现有摆手堂遗迹。

大摆手3～5年在几个县交界的地方举行一次，历时达7～8天，舞蹈中以祭"八部大神"为主，表演人类起源、民族迁徙、抵御外患和农事活动等，场面非常热闹。大摆手活动按习俗一般在正月初九或正月初三后的辰日举行。届时，男女齐集摆手堂前的土坝，各寨依姓氏或族房组成摆手"排"，每"排"为一支摆手队伍，各"排"人数不等，均设有摆手队、祭祀队、旗队、乐队、披甲队、炮仗队。规模浩大，舞者逾千，观者过万。

　　摆手舞音乐包括声乐伴唱和器乐伴奏两部分，要吹大土号、唢呐，敲打锣、镲、鼓，声乐主要有起腔歌和摆手歌，其中摆手舞神歌，歌词委婉深沉，气氛肃穆庄重。乐器主要是鼓和锣，曲目往往根据舞蹈的内容及动作而一曲多变。人们围成多层圆圈，男在外圈，女在内圈。除圆圈外，还有纵队、"人"字形队及各种图案队形。一人领舞，众人随跳，即兴性很强。土家族摆手舞舞姿大方粗犷，有单摆、双摆、回旋摆、边摆边跳等动作。摆手时，以击大锣、鸣大鼓呼应节奏，气势恢弘壮观，动人心魄。主要特点是手脚呈同边动作，踢踏摆手，躬腰屈膝，翩翩进退，以身体的扭动带动手的甩动。表演内容为"拖野鸡尾巴"、"跳蛤蟆"、"木鹰闪翅"、"犀牛望月"等狩猎动作和"砍火渣"、"挖土"、"烧灰积肥"、"种苞谷"、"薅草"、"插秧"、"割谷"、"织布"等生产生活动作，成双成对，表现风格雄健有力、自由豪迈，舞姿朴实，节奏鲜明生动。人们且歌且舞，气氛热烈，具有浓厚的土家气息。

　　在封建土司时期就被文人形容为："福石城中锦作窝，土王宫畔水生波，红灯万盏人千叠，一片缠绵摆手歌。"湖南龙山马蹄寨的大摆手活动历史悠久，规模庞大，远近驰名，辐射面广，上至鄂西、川东，下至永顺、保靖、大庸、桑植，热衷于摆手活动的土家人，以及客商等界时纷至沓来，多达数万人，遂成为湘、鄂、川、黔边境文化、经济交流的民族盛会。

国家非常重视非物质文化遗产的保护，2006 年 5 月 20 日，土家族摆手舞经国务院批准被列入第一批国家级非物质文化遗产名录。

"毛古斯"，是土家族最具原汁原味的传统舞蹈，土家语叫"故事拨铺"，即"祖先的故事"。由于毛古斯的扮演者浑身要披上茅草扮"毛人"，所以得名"毛古斯"。毛古斯是穿插在土家族传统的祭祀摆手活动中表演的艺术形式，与摆手活动有着紧密联系而又相对独立，极具特色。

表演毛古斯的人数 10 至 20 人不等，一人身着土家族服饰，饰老毛古斯（土家语叫"巴普"），代表土家族先祖，由他主持祭祖和表演活动，其余为小毛古斯，代表子孙后代。他们都身披稻草扎成的草衣，赤着双脚，面部用稻草扎成的帽子遮住，头上用稻草和棕树叶拧成冲天而竖的单数草辫，4 个单辫的是牛的扮演者。土家人跳摆手舞时，毛古斯的扮演者们事先装扮好，在摆手舞场不远的树林中等待，摆手舞跳到一定的时候，他们轰然入场，摆手舞立即停止，为之让场，说是"祖先爷"来了。毛古斯的表演内容以反映古代土家族先民的生产、生活为主，诸如"扫堂"、"祭祀请神"、"打猎"、"挖土"、"钓鱼"等，他们全身上下不停地抖动，让所穿的草衣发出窸窣声响，行走用醉步进退，左右跳摆，摇头抖肩，表演者模拟上古人古朴粗犷的动作，讲土家语，唱土家歌，融歌、舞、话为一体。其程序分为"扫堂"（意为扫除一切瘟疫、鬼怪，使后代平安）、"祭祖"、"祭五谷神"、"示雄"（表现全家族人民的生存和繁衍）、"祈求万事如意"等几个大段落，每个段落中细节繁多，如祝万事如意的表演中，有修山、打铁、犁田、播种、收获、迎新娘等等。从中可见原始生活的影子。

整个毛古斯的演出有情节、有人物、有语言及其他的故事内容，基本具备了戏剧形态雏形，因而说它是原始戏剧。毛古斯表演粗犷豪放、刚劲激昂，它让人们领略到五荒时代的原始艺术之美。土家族虽无文字，但"毛古斯"代代相传不衰，并在传承中不断完善，成为土家族文化艺术宝库中的一颗璀璨明珠。

　　八宝铜铃舞是土家族民间的一种传统舞蹈，又名"解钱"，是祭奠亡灵、解钱时所跳。在土家人的心目中，逝去的先祖也是永远庇佑后世的"神灵"。因此，八宝铜铃舞有的只是喜庆欢乐的气氛。

　　土家族的八宝铃舞，是根据旧时土老司法事活动中的动作编纂的，依其舞具"八宝铜铃"而命名。八宝铜铃，是用一根 30 厘米长、直径 2 厘米的硬杂木为铃把，上顶刻一马头形，下底砍一个 10 厘米长半弧形叉为马脚，两端各系四个鸡蛋大的铜铃（共八个铜铃），马头一端还系些 16 厘米长、3 厘米宽的五色布条（或麻丝）为马鬃。表演时，手握铃把按节目情节摇抖铜铃丁零零当啷响，悦耳动听。表演铜铃舞的人数一般为8人，多则是有一二十人，着八幅罗裙，戴凤冠，右手持牛角号（或舞师刀），左手持铜铃，边舞边吹，边舞边唱，还不时与围观者对唱。

八宝铜铃舞的唱词为历代土家梯玛所唱的《神歌》，内容从土家的起源、民族的迁徙到渔猎的艰辛、战乱的残酷，从天地鬼神到世间万象，几乎无所不包、无所不涉。演唱音乐是"嗬嗬腔"，几乎唱每一段歌都要用"嗬嗬耶"、"了了神"等衬词，声腔古朴低沉，雄浑豪爽。

八宝铜铃舞有两种：坐堂与行堂。坐堂时土老司坐在凳上用手来完成动作，动作较少。行堂则要求舞者不停地行走舞蹈，动作繁多。主要有"田氏三步罡"、"跨马勒缰"、"跃马闯滩"、"卧马射箭"等套路组合，舞姿步态丰富多变，"舞刀摇铃"、"喂马"、"上马"、"下马"、"奔马"、"赛马"等动作粗犷古朴、串连成套，给人质朴的美的享受。八宝铜铃舞的动作或进或退，或左或右，或快或慢，左右旋转，颤曲有度，古朴优美，把土家人对先祖神灵的敬畏与虔诚，对天人合一、至善至美境界的追求表现得淋漓尽致，堪称"东方芭蕾"，具有流动的韵律美。

少数民族风俗一瞥

每个民族都有自己的风俗习惯。它是一个民族历史相沿积久而形成的风尚、习俗。

我们党和国家对少数民族的风俗习惯历来是尊重的。这里我们先来讲一个《毛主席和穆斯林》的故事：1935 年 10 月 5 日，毛主席率中央红军主力到达六盘山下的单家集。这里是回族聚居的地方，毛主席在到达之前就要求部队尊重少数民族风俗习惯，语重心长地说："回民有许多规矩，遵守这些规矩，他们就欢迎你；搞得不好，就会出问题。"毛主席的话很快传遍了整个部队。5 日下午，毛主席兴致勃勃地走在单家集的街道上，边走边向回民群众招手致意，当晚就住在一户姓张的人家里。在这之前红 25 军路过单家集，因为严守回族的风俗习惯，群众认定红军是自己的队伍。

毛主席在单家集住下后，清真寺的老阿訇和寺管会商定要用回族最隆重的仪式来欢迎红军的到来。第二天老阿訇和几个老人来到毛主席的住所，向毛主席拱起双手道："色俩目！"（致敬意）毛主席也拱起双手道："回族人民好！"又笑着问："你们怕不怕红军？"老阿訇忙答道："红军到过单家集，我们知道你们是仁义之师，也就不怕了。"阿訇摆"中合"在寺前。（各种油炸糕点、核桃仁、瓜子、糖等摆成的宴席叫摆"中合"）毛主席拈了一撮白糖放在嘴里，又随手拿了一块糕点给了警卫员。老阿訇请毛主席到清真寺院里，到水房用"汤瓶"净了手、脸，脱了鞋，净脚进入殿内，毛主席称赞建筑宏伟，雕刻精湛，说回族人民有智慧。毛主席在大殿里兴味很浓地讲起"金脚寺"的故事。说朱元璋当了皇帝之后，一天由两个回族将军保驾，去参观南京的一座清真寺。下轿后就直奔大殿走去，待刚走进一步时，被二位将军拉住："万岁，进大殿内要脱鞋。"朱元璋一听，赶紧退出，边脱鞋边说："来啊，把这个脚印挖掉，用金子镶上。"从此这座清真寺定名为"金脚寺"。

老阿訇听完毛主席讲的故事，感动地紧握主席的双手，又在西厢摆了"九席"（用 9 个碗盛菜待贵宾的宴席）宴请毛主席。毛主席离开单家集时，老阿訇代表全体穆斯林敬献了"全羊"。毛主席告别众多穆斯林："谢谢你们，我以后会来看你们的！"

新中国成立以后，陈昌奉代表毛主席看望了单家集的回族人民，并送去一张毛主席同陕北回民谈话的照片。

各民族的饮食文化

俗话说："民以食为天"，饮食是一种重要的民族文化。我国少数民族的饮食文化，内容丰富，形成了一系列仪式、礼节、道德和美学标准。有独特的日常饮食、节日喜庆饮食、祭祀宗教饮食、各种社会活动饮食传统，展现出少数民族的聪明智慧，为人类文明增添了异彩。

一、赫哲族

赫哲族日常生活中，各民族、各地区有着不同的食俗。

赫哲族是以渔猎为主，使用狗拉雪橇的民族，居住在黑龙江三江平原和完达山一带。这里河流交织，森林茂密，冬季严寒酷冷，这就决定了鱼、兽肉是赫哲族生活中的主要食品，也就形成了他们饮食习俗的独特风格。赫哲族一年四季以捕鱼为业，春打开江鱼，秋打大马哈鱼，冬天有的打冻网或进行冬钓。赫哲族吃鱼的方法也有许多与众不同的地方。如"杀生鱼"，赫哲人称为"塔拉克啊"，又称"塔尔卡"或"塔拉哈"，即拌菜生鱼。这是赫哲人平素饮酒时不可缺少的佳肴美馔，既是下酒菜，又可当饭吃。亲友客人至家，常以请吃杀生鱼表示尊敬。做杀生鱼时，常常以四季最新鲜的上等鲤鱼或鲟鱼为原料，如果得不到这些名贵的鱼，有上等的杂鱼亦可，如"三花五罗"、青根、勾心（狗鱼）、黑鱼、岛子、虫虫、红尾、白鱼等。其做法是：把活鱼或新鲜鱼放完血，沿鱼脊处将鱼劈开，把鱼肉从鱼骨上剔下两整块，用刀横切成连接的鱼肉薄片；再从鱼皮上将鱼肉片片下来，切成肉丝，用醋腌一下；然后将鱼皮用火烧烤一下，见半熟即可；拍掉鱼鳞，切成丝同鱼肉丝放在一起，副料可用焯过的土豆丝、菠菜、粉丝、绿豆芽或用生的黄瓜丝、葱花、姜丝、蒜泥、韭菜、粉皮，再调入酱油、食盐、米醋、味精、炸辣椒、花椒油以及香油，拌匀即成。食之清香爽口，风味独特。还有一道风味独特的菜叫"鱼刨花"：赫哲人把冬季打上来的鱼在刚刚冻结的时候剥去鱼皮，用刨刀将冻鱼刨薄片，加上调料，蘸盐酱吃，又香又脆，营养丰富。此外民间流传着"鱼不入海不能称之为鱼，不尝炒鱼毛就不算到过赫哲家"。炒鱼毛（鱼松），可做饺子馅，非常鲜美。大马哈鱼子干馇粥，瘦鱼切条，鱼干，鱼片……可谓丰富多彩。

二、侗族

生活在南方的侗族以粮食作物为主食，平坝地区多吃粳米，山地多吃糯米。糯米种类很多，有红糯、黑糯、白糯、秃壳糯、旱地糯，等等，其中香禾糯最有名。他们将各种米制成白米饭、花米饭、光粥、花粥、粽子、糍粑等，吃时不用筷子，用手将饭捏成团吃，称为"吃抟饭"。吃菜才用筷子。糯米饭团还被侗族青年男女作为社交的礼品和食物，每当赶坳（或称"坡节"）的日子，姑娘们就带着糯米粑饭团（一般是 12 个，闰年则 13 个）赠给自己的意中人，取其团圆和美之意。如今，糯米已不再是主食，但每逢农历四月初八，侗家人总会蒸上一笼香喷喷的乌米饭，也称黑米饭：首先上山采集新鲜的长蕊杜鹃及赤楠的嫩叶，洗干净，揉碎过滤出叶汁；再将筛选好的糯米洗干净，将糯米完全浸泡于叶汁中，存放一整夜。第二天蒸熟便可食用。蒸熟的糯米饭是黑色的，乌黑发亮，清香扑鼻，别有风味。关于这一节日，侗族人民还有一段美丽的传说。这一传说来自侗族杨姓人家，相传侗族一杨家姑娘的哥哥被朝廷陷害关押，为了让自己的哥哥在监狱里能吃到饭，这位姑娘便做了乌米饭送往狱中，这才保住了哥哥的性命。为了纪念这位姑娘，侗族人民便开始在四月初八这天煮食乌米饭。侗族人喜欢酸、辣，腌酸鱼、酸菜，腌鱼时将鱼剖开，去内脏，抹上一层食盐，渍过三四天，用糯米饭、辣椒粉、姜末、花椒、蒜泥、料酒、食碱加水拌成糟料，填充鱼腹，然后一层鱼、一层糟料，堆放在腌桶内，上盖芭蕉叶或棕叶，四周用禾草密封，剩余的糟料装袋亦压在上面，桶上灌以清水，使之隔绝空气。一般 40 天以后即可食用。腌制时间越长，味道越好。食用时取出鱼蒸熟，其色泽金黄，骨刺已酥脆，连肉一起嚼食，味道十分鲜美，是待客佳肴。侗家请客时，腌鱼是不可缺少的一道菜，如果没有腌鱼，不管其他菜肴多么丰盛，也觉得美中不足。此外侗族的"洗澡肉"也别具一格。杀年猪后，选取膘肥肉厚者，生切成片，有巴掌大小，然后置一大铁锅，盛清水烧煮至开，将切好的生肉片沿锅边放下，主客围坐，各人面前置一放盐和糊辣椒面的调料碟子。待肉片漂浮至锅面，就算煮熟了，将肉片拌上盐和糊辣椒面即食用，主客相互劝酒劝肉，杂以戏谑嬉闹，酒香肉肥，欢声笑语不绝。

"打油茶"是侗族必备的饮食。一天之中，不分早晚，随时都可以制作。油茶待客一贯是侗族的重要礼俗。其制作方法是：先用茶油将粳米和茶叶煎炒至焦黄并散发出香味时，放进清水烧沸，舀在碗内，再放入事先准备好的炒黄豆、炒花生仁、米花、糯米粑颗、葱、姜片等，即可敬客。油茶香浓可口，既充饥又解渴。自家食用的油茶制作简便，即将少量剩饭煎炒盛入碗内，放上米花，冲上茶水就成，一般用作中午或傍晚劳作归家时的饭前小食，聊以充饥。

打油茶

侗族的饮食禁忌：不可坐在门槛上吃饭，忌讳看别人吃东西；正月初一不生火；祭祀期间不许外人入寨；丧期孝子忌荤吃素，但鱼虾不限。

三、藏族

青藏高原上的藏族食俗，又是另一番风趣了。畜牧业为主的经济决定了肉类及奶类在饮食中占主要地位。日常主食是糌粑，糌粑是用青稞、豆类晒干炒熟磨成的细面。吃糌粑要拌以茶、酥油和奶渣。高寒的草原生活，又使藏族人民有喝酥油茶的习惯。这就是粑食，粑食营养丰富，香酥甘美。

西藏的酸奶是以牦牛奶为原料的，分为两种：一种是奶酪，藏语叫"达雪"，是用提炼过酥油的奶制作的；另一种是用没提炼过酥油的牛奶制作的，藏语称"俄雪"。制作时，将牛奶烧开，倒入洗净不带油渍的容器，待牛奶放至温热时（40℃左右），将前一天的酸奶倒入搅匀，盖上板子，夏天放一个晚上就做成了。制好后的酸奶凝结为块状，呈白色，形似"豆腐脑"，口味酸而纯，营养极其丰富。西藏牦牛奶蛋白质的含量比一般牛奶高，特别适合制作奶酪。一般 10 千克牛奶可制作 1 千克奶酪，而同样数量的牦牛奶能制出 1.5 千克奶酪，口味也相当不错，而且是纯绿色天然食品。西藏牦牛酸奶作为藏族人民不可缺少的食品和供品，已有上千年的历史。这里一年中最盛大的节日"雪顿节"，就是以酸奶来命名的。经过数千年演变，人们的创意和尝试使得西藏牦牛酸奶的吃法花样繁多：冻酸奶、糌粑酸奶、青稞酒酸奶、香蕉酸奶、水果酸奶沙拉、酸奶饭、酸奶饼。2002 年在旧金山举办的冬季食品展销会上，西藏的牦牛奶酪被评为最受欢迎的奶酪之一。藏族还有很多特色食品：那曲的退（酥酪糕）、普兰的尼雾汁（醪糟煮油汁）、山南的鸡蛋、亚东的鱼、林芝的藏鸡烧香菇、昌都的蜂乳酱菜等。

藏族多信仰喇嘛教，喇嘛教对藏族的饮食文化有深远的影响。藏族人忌食奇蹄五爪类、禽兽类，如马、驴、骡、鸡、鸭、鹅等。大部分地区的藏族也不食海味及鱼类。藏族可以食用的是偶蹄动物的肉，如牧养的牛、羊、野生的鹿等，蹄都是双瓣的，即偶蹄，其肉才是可以食用的。

同藏族一样，从事畜牧业生产的蒙古族、哈萨克族、柯尔克孜族、塔吉克族、裕固族等饮食都离不开肉、奶、乳制品。

四、蒙古族

各地蒙古族由于地理位置、自然条件、生产发展状况的差异，在饮食习惯上也不尽相同。在牧区，蒙古族以牛羊肉、乳食为主食，史书以"游牧民族四季出行，惟逐水草，所食惟肉酪"来形容游牧生活形成的饮食习惯。烤肉、烧肉、肉干、手抓肉均为蒙古族家常食品，其中手抓肉最有名，四季都可以食用。喜庆宴会则摆整羊席，吃全羊有两种做法：一是煮食，即把全羊分解为数段煮熟，在大木盘中按全羊形摆放好，即可食用。二是烧全羊，把收拾干净的整羊入炉微火熏烤，出炉时香味满室，色泽好看，皮酥脆，肉特香。最后刀解上席，蘸椒盐食用。

　　炒米也是蒙古族特别喜爱的一种食品，蒙古语称"熬特巴达"。炒米是用蒙古出产的糜米制成的，先把糜米（即带着皮儿的原粮）筛簸干净，去掉土和沙子。放入锅内，加水至略高于米，像焖米饭那样，加火把糜子焖至八成熟。然后，再把焖熟的糜子用勺舀一次一勺（半升许），倒入已加热成高温的锅里搅拌煸炒。米粒崩得像小炮似的"噼噼啪啪"作响，而且热气腾腾，这一工序最要紧的是掌握好火候。待热气冒尽，发胀的米粒稍稍复原后，即可出锅，用筛子将细沙和糜子分离开来。这样把煸炒好的糜子冷却之后，铺展在石碾上（厚度要适当，如过薄会把米粒碾碎），研磨两三遍，米和糠皮完全分离之后，再用簸箕将糠皮簸出，所留的黄灿灿的米粒即为炒米。炒米是牧区最常见的熟食，可用肉汤和肉丁煮炒米粥、可干嚼、可泡奶，是牧民外出放牧、游猎或旅行时的极好食物。乳食是蒙古族居民一天中不可缺少的食品。奶食、奶油、奶糕等均为蒙古族根据季节变化经常食用和饮用的食品。此外，夏季里人们还喜食酸奶，或拌饭或清饮，以清暑解热。蒙古族还喜欢将很多野生植物的果实、叶子、花都用于煮奶茶，煮好的奶茶风味各异，有的还能防病治病。

五、维吾尔族

维吾尔族大部分聚居在天山以南、伊犁等北疆各地，也有的散居，占新疆总人口的 3/5。维吾尔族饮食很有特色，一种用白面或玉米面在特别的火坑中烤制而成，形似面饼被称为"烤馕"的食品是维吾尔族家常主食之一。在维吾尔族村镇上，家家户户都修有馕坑，馕大部分在馕坑里烤成。由于地区不同，馕坑的形式和材料也不同。一般馕坑高1米左右，用羊毛和黏土做成倒扣的缸形的土坯，四周用土块垒成方形土台。南疆一些地区则选用当地的硝来和泥做馕坑坯，乌鲁木齐一带的维吾尔族人还用砖来砌馕坑，这种馕坑大小不等，也呈方形，根据人口多少来确定馕坑的大小。有些馕却不在馕坑里烤，例如有一种肉馕是在铁锅里用油炸成的。除此之外，还有一种古老的烤馕方法，即把馕埋在烧过的柴火热灰里，不用翻，也不用看，半个小时后就烤熟了，吃时，吹掉表面的灰，其味道同样可口。目前，新疆馕也有了新烤法，就是使用电气馕坑。

馕的一般做法跟汉族烤烧饼相似。在面粉中加少许盐水和酵面，和匀，揉透，稍发，即可烤制。添加羊油的即为油馕；用羊肉丁、孜然粉、胡椒粉、洋葱末等作料拌馅烤制的为肉馕；将芝麻与葡萄汁拌和烤制的叫芝麻馕等，品种很多，有50多种。维族人吃馕是有讲究的，都是用手掰开后再食用，不允许拿着整个馕咬食。

烤羊肉串是维吾尔族的传统食品，烤出的肉串颜色棕黄，肉味鲜、浓郁、香辣，油腻滑爽，营养丰富，深受人们欢迎，很有特色。有个俗语"不吃烤羊肉，枉到新疆来"，可见它的名声和魅力。

抓饭、拉面也是维吾尔族人喜爱的食品。抓饭是一种用羊油、羊肉、葱头、胡萝卜、果干等做成的米饭，维吾尔族叫"波罗"。副食品有牛、羊、鸡肉和各种蔬菜，但不吃素菜，做菜必须加肉。

六、哈萨克族

哈萨克族主要从事畜牧业，日常食品主要是面食、牛肉、羊肉、马肉、奶油、酥油、奶疙瘩、奶豆腐、酥奶酪等。平时喜欢把面粉做成油果子、烤饼、油饼、面片、汤面、纳仁等，或将肉、酥油、牛奶、大米、面粉调制成各种食品。最具独特风味的是油果子，哈萨克族叫"包尔沙克"，做时把糖和发酵粉用温水化开，酥油（羊油）用热水化开，再用牛奶、酥油、糖（盐）、发酵粉和面。面发好后，多揉几遍，擀成薄片，切成小菱形、方形、长方形等各种形状。锅里放油烧热，放入热油里炸黄，油果子就做好了。

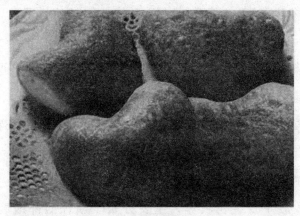

包尔沙克

　　肉在哈萨克族牧民生活中占有重要地位，他们对肉的吃法也颇多。哈萨克族视马肉为肉中的上品，其熏马肠极具民族特色。熏马肠是先将马肉切成块，用调料拌匀，再塞进马肠子。其制品能历久不变质，吃时煮熟，味道鲜美。熏马肠是哈萨克族人最喜爱的肉制品，也是哈萨克人招待客人的上等食品。

熏马肠

哈萨克族人最喜欢吃的一种饭是"纳仁",也叫手抓肉或手抓羊肉面,做法是将肉煮熟、削碎,混以面片,用"皮芽孜"(洋葱)等调味。

哈萨克族也特别喜欢牛奶、羊奶、马奶子。马奶子是用马奶经过发酵制成的高级饮料,其制作方法简便,营养丰富,饮之解渴消暑。由于哈萨克族受生活环境的影响,牧民们很少吃菜,但对葱、洋葱和马铃薯却情有独钟。

七、柯尔克孜族

柯尔克孜族主要经营牧业,主要分布于新疆西部地区,绝大部分在克孜勒苏柯尔克孜自治州。柯尔克孜族的饮食多来源于牲畜,主要为奶制品和牛、羊、马、骆驼等肉类食品,辅以面食。他们的谚语说"奶子是柯尔克孜的粮食",可见奶制品在柯尔克孜族饮食中的分量。如酸奶酪:将新鲜的牛奶(最佳为绵羊奶)煮沸后加入酸杆菌(少许酸奶或酸奶疙瘩),使其发酵后即可食用。酸奶酪形似豆腐脑,雪白细腻,味酸而可口,营养价值丰富,含有多种乳酸、乳糖、氨基酸、矿物质、维生素、酵酶等。这是柯尔克孜族夏季的主要食品。干酸奶:将酸奶酪过滤去水而成,如同豆腐,一般都装入细白布口袋内,外出时挂在马背上,饥时可食,渴时加水可饮。它是夏秋季外出放牧携带的方便食品。酸奶疙瘩:将干酸奶团成圆形疙瘩,放在用芨芨草编成的特制的帘子上晒干即成。酸奶疙瘩酸中略咸,可以存放两三年而不坏,是柯尔克孜人冬季的主要食品。平时也可当点心待客和馈赠远方亲友,各族小孩也特别喜欢食用。酸奶疙瘩还可以还原成酸奶奶酪。具有民族特色的奶油甜米饭,柯尔克孜族叫西仁古鲁西,最为名贵,是招待客人的上品。有的地方把大米加水煮熟后,加入鲜奶和酥油共食;有的地方把大米用水煮成半熟,再加入鲜奶煮,等大米与奶油煮成稠粥状，盛到盘内，上面再加入熔化了的酥油即可。其特点是融米香、奶香、油香于一体。奶制品的种类还有鲜奶子、奶皮子、奶豆腐、酥油、酥酪、奶糕、马奶酒，等等。

奶皮子

柯尔克孜族很多肉类以做成手抓羊肉烤肉（塔西哈拉克）为主。手抓肉是柯尔克孜人待客的食品之一。做法是把肉切成大块，分肋骨、脊骨、大腿、小腿及羊头、羊蹄、羊肝煮在一起，待客时按客人等级而分肉。这种肉的做法有一个特点，就是热肉凉水下锅，煮熟的肉香而不腻，嫩而不烂。牧民一般外出放牧也带大块肉当干粮。

八、回族

回族是信仰伊斯兰教的民族，在我国人口较多、分布较广，以宁夏回族自治区为主，在甘肃、陕西、贵州、青海、云南、北京、天津等省、市、自治区也有大小不等的回族聚居区。因聚居各地区的主要农产品不同而食俗也不完全一致。如宁夏回族偏爱面食，喜食面条、面片，还喜食调合饭。多数人家常年备有发酵面，供随时使用。甘肃、青海的回族则以小麦、玉米、青稞、马铃薯为日常主食。油香、馓子是各地回族人民喜爱的特殊食品，也是节日馈赠亲友不可缺少的。肉食以牛、羊肉为主，有的也食用骆驼肉，食用各种有鳞鱼类，如北方产的青鱼、鲢鱼、鳇鱼等。回族人热情好客，总以好茶好饭款待客人，还以给客人加菜加饭为敬。

牛羊肉泡馍

陕西回族著名的牛羊肉泡馍是最有特色最有影响的食品，即牛肉和羊肉一块熬汤来泡馍。牛羊肉泡馍的烹饪技术要求很严，煮肉的工艺也特别讲究。其制作方法是：选上好的牛羊肉，要将牛羊肉反复漂洗，浸泡约5小时，切成大块，再把牛羊肉入锅，煮时加姜、蒜、桂皮、八角、党参、黄芪、山奈、香叶、草蔻、砂仁、山楂、花椒等佐料煮至肉烂汤香，汤汁备用。煮肉的同时烙馍，馍是一种白面饼，做法是将适量的面粉放入盆中，加水揉成软硬适度的面团，盖上饧20分钟，将面团揪成大小相同的剂子，擀成圆片，放入平底锅中，小火烙馍，盖上盖子。翻面，烙得七八分熟出锅，烙好的馍用手掰成小丁。锅中盛入炖羊肉的原汤、熟肉，并配以白菜丝、料酒、粉丝、黑木耳、盐、味精、米醋等调料，粉丝、木耳熟了之后，倒入馍丁再煮片刻。所有原料倒入碗中，加辣椒酱、辣椒油、香菜、葱末、糖、蒜，拌匀。这样肉烂汤浓，香气诱人的牛羊肉泡馍就制作完成了。这种煮法称之为"水围城"。

此外，牛羊肉泡馍的传统煮法还有"单走"，即馍与汤分端上桌，把馍掰到汤中吃，食后单喝一碗鲜汤，曰"各是各味"。"干拔"，也叫干泡，即将汤汁完全渗入馍内。吃完馍、肉，碗里的汤也被喝完了。"口汤"，即泡馍吃完以后，就剩一口汤。

回族的美食中河北石家庄的金凤扒鸡、保定的马家卤鸡和白运章包子，辽宁沈阳市的马家烧卖，义县的伊斯兰烧饼，湖南常德市的翁子汤圆、绿豆皮、牛肉米粉等在当地都很有名气。

回族不吃马、驴、骡、狗的肉，尤其忌食猪肉，不吃动物的血液，不吃自死的禽畜和非穆斯林宰杀的牲畜、牛羊肉罐头和非清真店制作的食品。凡是不流的水、不洁净的水均不饮用。

九、朝鲜族

朝鲜族是中国具有代表性的少数民族之一，主要分布在吉林省延边朝鲜族自治州、黑龙江省牡丹江地区、辽宁省丹东地区。20 世纪 90 年代之前，朝鲜族主要从事农业，以擅长在寒冷的北方种植水稻著称，生产的大米洁白、油性大，营养丰富，延边朝鲜族自治州被称誉为"北方水稻之乡"。因此朝鲜族主食以米饭为主。传统风味食品也很多，其中最有名的是打糕、冷面、泡菜。因为打糕是将蒸熟的糯米放到槽子里用木槌捶打制成，故名"打糕"。制作时，先将糯米淘净蒸熟，放在打糕槽内或石板上，用打糕槌子把米粒打碎黏合在一块而成，一般要打上半小时左右。食用时切成块，蘸上豆面、白糖或蜂蜜等，所蘸的豆面原料，除用小红豆外，还可以用黄豆、绿豆、松子、栗子、红枣、芝麻等，吃起来筋道，味香。朝鲜族历来把打糕当作上等美味，每逢年节或婚姻佳日及接待贵宾时，都要做打糕。

朝鲜族人不仅在炎热的夏天爱吃冷面，即使在寒冬腊月里也喜欢坐在炕头吃冷面。据民间传说，每年在农历正月初四中午吃冷面，可以"长命百岁"，故冷面也称作"长寿面"，因此朝鲜族有全家在这一天中午一起吃冷面的习俗。冷面是在荞麦面中加淀粉、水，和匀制成面条，煮熟后用凉水冷却，加香油、蛋丝、辣椒、芝麻、苹果梨丝、泡菜、狗肉、酱牛肉等制成，吃起来甜里有酸，香里透辣，清凉爽口，味道鲜美。

朝鲜族口味以咸辣为主，泡菜品种丰富，式样美观，非常可口。其中，朝鲜族的辣白菜既是朝鲜族爱吃的名菜，也是最普通的家常菜。一到秋天，朝鲜族几乎每家每户都要腌制这种富有民族风味的泡菜，其基本材料是白菜、萝卜、辣椒、大蒜和盐。泡菜是将大白菜浸泡几天，漂净，用辣椒末、苹果梨丝、姜末、蒜末等作料拌好，放进大缸密封制成。腌制时间越长，味道越可口，有解腻解酒、帮助消化、增强食欲之功效，因此备受欢迎，成为朝鲜族日常饮食中不可缺少的一道菜。

　　与满族的习俗相反，朝鲜族是一个爱吃狗肉的民族。他们认为吃狗肉可以清热解毒。用狗肉来烹制菜肴，是朝鲜族烹饪中的一大特色。朝鲜族常以狗肉招待客人，狗肉的食法极有特色：将煮好的狗肉撕成丝，配以葱丝、姜末、蒜末、香菜、精盐、熟芝麻，食之不腥，香辣爽口。久负盛名的名品有"狗肉火锅"、"狗肉汤"，等等。

　　朝鲜族喜欢喝锅巴水，客人用完饭，定要敬给客人喝。做法是将煮大米饭后剩下的锅巴添上水，烧开舀出，代茶饮用。喝锅巴水是为了助消化，健胃解渴。

　　十、鄂伦春族

　　人们的饮食习惯，总是与其生活环境密切相关。鄂伦春族人世代生活在大兴安岭的莽莽林海之中，这里，全年无霜期仅100天左右，冬季最低气温可达零下50℃。为了战胜严寒，他们养成了喜欢吃兽肉的饮食习惯，食法多样。如烧肉，鄂伦春语称为"达拉嘎旦"。做法是用猎刀把兽肉割成块，扔到木炭火里烧得焦黑，取出来用刀刮掉黑疤，里边的肉有六七成熟，切开，蘸盐及其他作料食用。有的人喜欢吃骨髓油，就是将野兽的腿骨扔到火里烧，拿出砸碎，吃里边的骨髓油，特别香。烤肉，鄂伦春语叫"乌乐席拉兰"。烤肉时先选一个两三尺长的木棍，用猎刀将两头削尖，一头串上肉，一头斜插在篝火旁的地上，不时转动肉串，待烤得表面焦黄、冒油，并有肉香味时即可，蘸着椒盐吃，味道极香。另外，还可以烤排骨肉、烤沙肝、烤里脊。炖肉，鄂伦春语称为"乌鲁格日"。做法是把肉切成小块（或条或片）洗净，放动物油爆锅，放入肉翻炒一下，加入清水、盐、五味子根等作料。肉将炖熟时，再放入柳蒿芽、野葱或其他蔬菜，味道更鲜美。晒肉干，鄂伦春语称为"库呼乐"或"库呼拉"。春夏秋三季把剩余的兽肉切成条或块，煮成七八分熟，捞出后用火熏烤一遍，晒成肉干，以防变质。如果是将生兽肉晒成干，则称作"乌力特"，也必须经火熏烤后再晒干。这些肉干都储存起来，以备缺粮时食用，也常用来作为礼品馈赠亲友。此外，还有手把肉、炒肉、灌血肠，等等。

鄂伦春族的飞龙汤也别有风味。飞龙学名榛鸡，传说它是龙变成的，其体态较小，毛呈灰色，但起飞时声音极响。飞龙汤的做法十分讲究，首先要将锅擦洗干净，使其不沾一点油星。然后将洗净的飞龙剁成小块，放入锅中煮，约5分钟左右将汤从锅中倒出，加盐及葱末即可食用。还有一种做法是：一手拿着飞龙，另一只手不停地用勺子将锅里的沸水舀出来，浇在飞龙肉上，边浇边转，烫至六成熟时，再将整个飞龙连同葱末一块儿放入锅中，在沸水中煮5分钟即可食用。飞龙汤清淡，色白，无杂质，喝起来更是清香可口。

十一、满族

满族是中国最古老的民族之一，也是唯一在中国历史上曾两度建立过中原王朝的少数民族。从努尔哈赤统一女真部落开始，到满文的创制，再到建立起庞大的满清帝国，满族为中华民族的兴旺发达作出了重大贡献。他们在长期的生活积累中形成了色味丰富、独具特色的满族饮食文化。

　　满族的饮食风俗带有浓厚的北方特色，其中有现已风靡华夏各地的满族传统食品——火锅。满族的火锅历史悠久，为满族的传统食俗。做法是：铜锅炭火，鸡汤煮沸，汤中杂以酸菜丝、粉丝，用来涮猪肉、羊肉、鸡肉、鱼肉。有时还有野鸡肉、狍子肉、野鹿肉和飞龙肉。有的也用各种山蘑菇调汤。满族火锅作为满族传统的饮食风味，自清代以来，一直传承不衰。

　　满族的八碟八碗，颇具满族本土特色与饮食风俗，乡土气息浓郁，是满族人迎宾、婚嫁、欢宴的传统美食。八碟八碗也叫"八八席"。据史料记载，每逢腊月二十三，满族就开始准备八碟八碗了：将鸡、鸭、鱼、肉等作为主料，用自己晾晒的干菜，比如干黄瓜片、干豆角丝、木耳、蘑菇，还有从山上采来的老山芹（一种野菜）等作为配料，再放些宽粉条、海带丝、刀鱼、肘子、猪蹄等，需要用半个月左右的时间精心地炸、蒸、煮等方法烹制而成。然后再一碗碗冻好，待到家里来贵客时拿出来一蒸即可食用。而碟菜是要用备好的原料现做的。

　　八碟八碗集中了扒、焖、酱、烧、炖、炒、蒸、熘等所有的烹饪手法。八碟分四凉四热。四凉是米饭焖子、宽粉干黄瓜片拌木耳、豆芽拌里脊丝、肘花冻子；四热是炒黄豆芽、红焖鱼、熘肥肠、白菜炒木耳。八碟属于下酒菜，吃饭时要先上。八碗是炸肉丸子、炸土豆块、炸豆腐泡、炸茄盒、蒸五花肉、小鸡炖蘑菇、排骨炖豆角丝、红焖肉炖海带丝等。用一口大锅煮出老汤，经过慢火炖熟后便一碗碗地冻成坨，冻好后贮藏在容器里。等到回锅蒸的时候，口味咸淡适中，浓郁可口，香味溢满屋子。八碗属于下饭菜，要稍后些上。这种宴席在规格和件数上是固定不变的，但菜品并不固定，会根据季节选配。三大件：大件一，红焖肘子；大件二，葱油海参；大件三，浇汁鱼。三套碗即四怀碗：山鸡卷、烧蜇头、素烩、熘虾段；四中碗：芙蓉鸡蛋、辣子鸡、炸鸡脯、熘鱼段；四座碗：烩三鲜、烩葛仙米、烩鱼骨、烩龙鱼汤；四面饭：凉糕、马蹄酥、炸套环、三鲜蒸饺。

满族的饽饽历史悠久，清代即成为宫廷主食。其中最具代表性的是御膳"栗子面窝窝头"，500克面要蒸出100个，也称小窝头。做小窝头

小窝头

用的是新玉米面，过细罗，再掺上黄豆面，蒸的时候加桂花白糖，吃着又暄又甜。

满族点心萨其玛也成为全国著名糕点。传为太祖时以夫人善制此糕的大将命名。旧时制作萨其马，用鸡蛋、油脂和面粉，细切后油炸，再用饴糖、蜂蜜搅拌沁透。现在，萨其玛的制作方法已被改良：由鸡蛋加入面粉制成面条状再下油锅炸熟，再用白糖、蜂蜜、奶油及各种果脯丁等制成混合糖浆，然后与炸好的面条混合，压平、切成方块，待干而成。它是一种以鸡蛋为主要原料的方形甜点心，色泽金黄，绵软香甜，软硬适度。

萨其玛

满族较著名的小吃还有清东陵糕点（也称清东陵大饽饽），北京墩饽饽，河北承德油酥饽饽，湖北荆州猪油饽饽等。

各民族的酒文化

少数民族几乎家家都会酿酒，各种粮食在他们手中都可以酿出酒来。我国的西南地区还是名酒之乡，不但有享誉全球的茅台、五粮液，而且各族人民利用丰富的粮食资源和土特产，酿制出了具有地方特色和民族特色的各种佳酿。少数民族同胞好客、豪爽的品格从酒文化中得到了充分体现。各民族饮酒的方式各异：

　　藏族的青稞酒是藏民过节、待客必备的饮料。此酒黄绿清淡、酒香甘酸。在西藏，除僧人依教规忌酒外，藏族男女老幼几乎都喝青稞酒。按照藏族习俗，客人来了，豪爽热情的主人要端起青稞酒壶，连斟三碗敬献客人。前两碗酒，客人按自己的酒量，可喝完，也可剩一点，但不能一点也不喝。第三碗斟满后则要一饮而尽，以示尊重。藏族同胞劝酒时，经常要唱酒歌，歌词丰富多彩，曲调优美动人。另外，主人招待完饭菜之后，要给每个客人依次敬一大碗酒，只要是能喝酒的客人都不能谢绝喝这碗酒，否则，主人会罚你喝两大碗。饭后饮的这杯酒，叫做"饭后银碗酒"。按理说，敬这碗酒时，应该需要一个银制的大酒碗，但一般也可用漂亮的大瓷碗代替。藏族有一句笑话："喝酒不唱祝酒歌，便是驴子喝水。"谁来敬酒，谁就唱歌。大家常爱唱的歌词大意是："今天我们欢聚一堂，但愿我们长久相聚。团结起来的人们呀，祝愿大家消病免灾！"祝酒歌词也可由敬酒的人随兴编唱。唱完祝酒歌，喝酒的人必须一饮而尽。如果客人不能喝酒，可用无名指蘸点酒，举手向右上方弹三下，主人就不会勉强。

侗族、苗族的拦门酒，更是别具情趣。拦门酒的习俗十分原始古老，它体现了礼貌待客、坦诚交友的良好道德风范。有贵客到苗寨、侗寨，主人就在寨门口搭起牌坊彩楼，寨中姑娘们身着节日盛装，到寨门外排成两行迎接客人，每个姑娘手里都举着装满米酒的牛角依次向客人敬酒。一个牛角可盛500多克米酒，当姑娘们敬酒时，客人只需垂下或背着两手，仰脖伸嘴去接，这样一个姑娘敬一口也就算过关。客人进寨后再按礼节喝酒吃饭。到苗家做客，进餐时不能先端饭碗，首先由主人给每人斟两杯酒，主客同饮，各自干杯，再由主人敬酒。敬酒必须要两杯，主人双手端酒杯，依长幼顺序喝酒。这样按正反时针方向依次敬两圈后，再以对歌的方式继续喝酒。对歌可自找对象，一问一答，输方喝酒，这时气氛就变得比较随和自由了，可以边吃饭边喝酒。当喝到一定时候准备收席时，还要喝团圆酒，即在座者各自举起酒杯，先按逆时针方向依次各喝一杯，再按顺时针方向依次喝一杯，由岁数最大者先喝，团圆酒象征着团结和睦。

傈僳族人的水酒是用苞谷、荞子之类的粮食酿成的。傈僳族人认为"无酒不成礼"，所以水酒是他们宴宾待客必不可少的饮料。主人用精致的竹筒将酒盛满后，往地上倒一点，表示对祖先的怀念，接着自己先喝一口，表示酒是好的，然后将客人面前的竹筒盛满，双手举到客人面前，请客人饮用。第一是交杯酒，傈僳人家来客，初次见面干一杯，以示礼节和友好，客人一定得喝下，否则他们会深表遗憾地说"酒一点不喝，不是朋友"，客人若一饮而尽，主人会喜笑颜开；第二是倒杯酒，情谊更深一层；第三是傈僳族待客的最高礼节——同心酒，也叫"合杯酒"。最有趣的莫过于饮同心酒了，傈僳族称"伴多"，即两人共捧一大碗酒。这种饮法只有在大家酒兴最浓的时候才出现，而且总由主人首先邀请。主客互相搂着脖子和肩膀，脸靠脸，然后一同张嘴，一口气饮完。喝完了，互相对视，开怀大笑。一旦好客的傈僳兄弟邀你同他"伴多"，那就意味着他对你充满了信任，并愿意同你建立诚挚的友谊。但是，晚辈不能邀请长辈"伴多"，而是长辈对晚辈表示关心、对同辈意表示友好或者未婚男女相互爱慕才饮合杯酒。

瑶族人性格活泼，语言幽默，逢年过节保留着其他少数民族少有的独特习俗——"吃笑酒"。"吃笑酒"也是一种娱乐活动，在宴席上，酒过数巡，兴味正浓时，"笑酒能手"们先相互赞颂，然后共同评论时事、乡土逸事，最后巧妙地以比喻的手法，转弯抹角，含蓄而风趣地挖苦对方。有趣的是这些被挖苦的人，非但不恼怒，而且灵机一动，笑着进行"快速反击"，以同样的方法"回敬"对方，在这个过程中互相敬酒，说到激动处，以歌代话，引起同席就餐者捧腹大笑，弥漫着欢乐的气氛，增进了友谊，达到了团结和睦的目的。

蒙古族、哈萨克族喝"马奶酒"，味道浓烈，醇厚清香。蒙古族和哈萨克族的牧民，从古至今一直把马奶酒当作甘美的饮料。每年夏秋产奶季节，牧民家家都酿制马奶酒，贵客临门，必定用它款待。蒙古族接待客人讲究礼节，欢迎、欢送、献歌、献全羊或羊背等都按礼仪程序进行，程序中都要敬酒或吟诵。敬酒者身着蒙古族服装（头饰、蒙古袍、腰带、马靴），站到主人和主宾的对面，主人经常要唱敬酒歌敬酒，唱一支歌客人要喝一杯酒，使之不能拒绝，气氛十分活跃。蒙古族认为让客人酒喝得足足的，才觉得自己心意尽到了，所以主人家从老到少轮流向客人敬酒，客人不喝下去，主人就要一直唱下去，直到客人喝下为止。客人用双手或右手接过酒后，表示谢意，但不能马上一饮而尽，而是用右手无名指蘸酒向上"三弹"，一弹是"愿蓝天太平"，二弹是"愿大地太平"，三弹是"愿人间太平"。蒙古族用酒寄托了人世间最美好的情感和愿望。客人进行完三弹才能把酒一饮而尽。蒙古族敬酒时有连敬三杯酒的习俗，客人把前两杯各抿上一口，第三杯全部喝完。如果客人确实不能喝，将三杯酒各抿上一口，以示对主人的谢意和以诚相待的真情。喝完主人敬的酒后，客人向主人回敬酒。

彝家待客的酒礼也豪放有趣。几十人围成一个圆圈，席地而坐，端着酒杯，依次轮流饮用，此为"转转酒"。关于转转酒的来历有一个传说：很久以前，有汉、藏、彝族3个人结为兄弟，有一年彝族幺弟请大哥、二哥去吃荞面，因煮得太多，第二天荞面变成了酒，三兄弟围坐在火堆旁，你推我让，都不肯多喝。突然天上飞来了幸福神对他们说："只要辛勤劳动，喝完会有新的。"3个人于是轮流喝起来，唱起来，直到都喝醉了，碗还是满的，幸福之神也留了下来。于是，彝族人就有了喝转转酒的习惯。

各民族的茶文化

饮茶是人们相互往来，沟通思想，增进友谊的纽带。向客人献茶、敬茶是表示对客人的欢迎和礼貌，是我国人民待客的传统礼节。各民族不同饮茶习俗，推动了我国茶文化的发展。

　　饮茶习俗中，佤族的烧茶可谓是独具一格，佤族语称"枉腊"，是一种与烤茶相似，而又与众不同的饮茶方法。首先用壶将泉水煮沸，另用一块薄铁板盛上茶叶放在火塘上烧烤，待茶色焦黄闻到茶香味后，将茶倒入开水壶内煮。这种茶水苦中有甜，焦中有香，这种饮茶方法流传已久，现在佤族中仍保留这种饮茶习惯。此外，擂茶也是佤族的一种古老的饮茶方法，即将茶叶加入姜、桂、盐，然后放在土陶罐内共煮食用。

　　布依人制作的茶叶中，"姑娘茶"很有特色，相当名贵，而且味道别具一格。所谓姑娘茶，就是布依姑娘精心制作的茶叶。每当清明节前，她们就上茶山去采茶树枝上刚冒出来的嫩尖叶，采回来后经过热炒，使之保持一定的温度后，再把一片一片的茶叶叠整齐摞成圆锥形，然后拿出去晒干，再经过一定的技术处理后，就制成一卷一卷圆锥形的"姑娘茶"了。这种圆锥形的"姑娘茶"，形状整齐优美，质量也格外优良，是布依族地区茶叶中的精品，可作为礼品赠送给亲朋好友。

　　煨酽茶是哈尼族最古老的饮茶方式。用土锅煨煮酽茶饮用，具体做法是：将土质陶罐洗净烘干，抓适量的茶叶放入陶罐中，把陶罐置于熊熊燃烧的火塘边烘烤一段时间，烤至茶叶散发出诱人的阵阵清香时，将清水舀入罐中，再把陶罐置于火塘边煨煮。煨煮时间可长可短，既可煨煮片刻即饮用，也可煨煮1～2小时甚至更长时间，但都以煮至罐中水剩一半时的色泽和口感最佳。正宗的哈尼族煨酽茶茶水色泽深黄带紫，味苦涩，兼有一股浓烈的烟熏味。清阮福《普洱茶记》中有"普洱茶名遍天下，味最酽，京师尤重之"，说的就是哈尼煨酽茶。很多时候，人们围坐在一起煮煨酽茶，开始唱民族的创世古歌、迁徙史实、种茶歌等，哈尼族的茶歌唱得情真意切，十分感人，更使煨酽茶清香四溢。

土锅茶是哈尼族的待客茶，哈尼语叫"绘圆老泼"，煮土锅茶的方法很简单，一般以南糯山上特制的"南糯白毫"为原料。用清水将土锅洗涮干净，舀入清水，将土锅架到火塘边的锅桩石或铁三脚架上，烧开锅中的清泉水，在滚沸的开水中加入精制茶叶，煨煮三五分钟后即可倒入杯中饮用。土锅茶水色泽金黄、幽香绵长、品味高雅。

白族的三道茶，白族语称为"绍道兆"。三道茶是白族招待贵宾时的一种饮茶方式，先将本地产的绿茶放在小陶罐里并放在堂屋里一年四季不灭的火塘上焙烤，待罐中茶叶烤脆、烤香、变黄、香气弥漫时，注入罐中少许沸水，等水中泡沫消失，再将沸水注满，稍煨片刻，茶水呈琥珀色，香味浓郁，有烤茶的特殊馥郁，斟入小茶盅内，此为第一道茶，称为头道苦茶。这道茶只有小半杯，不以冲喝为目的，适合小口品饮，慢慢品出茶的清香。而后在陶罐里注入新水，加入白糖、炒香的桃核仁片、芝麻面等是第二道茶，即二道甜茶。此道茶甜而不腻，寓苦尽甘来之意。第三道茶要在茶水中加入蜂蜜、红糖、烘香的乳扇、米花和少许花椒、桂皮等，称为三道回味茶，此道茶甜蜜中带有麻辣味，喝后回味无穷。

白族三道茶以其独特的"头苦、二甜、三回味"的茶道，早已驰名中外，是我国传统文化的一个组成部分。

香飘十里外、味酽一杯中的纳西族"龙虎斗"，纳西语称为"阿吉勘烤"，是一种富有神奇色彩的饮茶方式。首先将一小把茶放在小土陶罐中在火塘上烘烤，并不断转动陶罐，使之受热均匀，待到茶叶焦黄后注入开水煎煮，将茶汁熬得浓浓的。在茶杯内盛上小半杯白酒，然后将熬好的茶汁冲进盛酒的茶杯内，顿时，杯内发出"嗤——"的响声。纳西族把这种响声看作是吉祥的象征，响声越大，在场的人越高兴，响声过后茶香四溢，这时就可将"龙虎斗"茶一饮而尽了。

沏盖碗茶是回族的饮茶习俗。所谓"盖碗茶"，包括茶盖、茶碗、茶托3部分，故称盖碗，回族语称"三炮台"。具体做法是：在有盖的碗里同时放入茶叶、碎核桃仁、桂圆肉、红枣、冰糖，等等，然后冲入沸水盖好盖子。给客人泡盖碗茶一般要在吃饭之前，倒茶时要当面将碗盖揭开，并用双手托碗捧送，以表示对客人的尊敬。回族喝盖碗茶也很有讲究，喝盖碗茶时，用茶托托起茶碗，不能拿掉上面的盖子，也不能用嘴吹漂在上面的"荷地"，而是用茶盖儿"刮"几下，使之浓酽，

所以喝盖碗茶有"一刮甜，二刮香，三刮茶卤变清汤"的说法。每刮一次后，把盖子盖得有点倾斜度，用嘴吸着喝。不能端起茶盅接连吞饮，也不能对着杯盏喘气饮吮，要一口一口慢慢地饮。

此外，还有傣族的竹筒茶、基诺族的凉拌茶、布朗族的青竹茶，等等，各民族奇异的饮茶习俗，表达了热爱生活的美好愿望，展现了民族的特色和丰富多彩的生活情趣。

"手扒肉"是蒙古族的美食。喜庆宴会则摆整羊席。维吾尔族的烤馕、哈萨克族的羊油炸面团、柯尔克孜族的奶油甜米饭，塔吉克的牛奶煮烤饼都有独特风味。维吾尔族的手抓饭是一种用羊油、羊肉、葱头、胡萝卜、果干等做成的米饭。

少数民族饮食文化中十分注意色、香、味。傣族、黎族、高山族有用香竹筒将泡过的糯米由一端装入，放在炭火上烤熟的"竹筒饭"，晶莹柔软的米粒，香味弥漫。壮族有"五色花糯"，将糯米用各种植物的根茎叶等浸泡成五色糯米蒸熟，彩色斑斓，赏心悦目，香甜可口，别有风味。苗族的"乌米饭"，侗族的"黑糯饭"等真是五色缤纷。维吾尔族的烤羊肉串香味诱人，俗语说"不吃烤羊肉，枉到新疆来"，可见它的名声和魅力。

少数民族多有喝酒的爱好，除乌孜别克等族禁酒外，其他民族有饮酒的嗜好。蒙古族、哈萨克族喝"马奶酒"，味道浓烈，醇厚清香。藏族则喝"青稞酒"，色淡，味酸甜，是待客的上好饮料。佤族喜欢"水酒"，清凉醇和，解渴润口。

各民族饮酒的方式各异，彝族喝"转转酒"，苗族喝"换杯酒"，佤族喝水酒是用细竹管插入酒筒轮流吸吮。瑶族还有一种幽默风趣的吃"笑酒"，酒过数巡，同席人互相挖苦，引起大家捧腹大笑，弥漫着欢乐气氛。

饮茶是不少民族的习惯，向客人献茶、敬茶是表示对客人的欢迎和礼貌，在饮茶过程中边喝边谈，可沟通思想，增进友谊。

少数民族节日饮食也很有民族特色。塔塔尔族人过撒班节时带上糕点、饮料、酒等到风景优美的地方去吃。布朗族人则各家将美味佳肴集中，全寨人在一起吃"团圆饭"，以象征民族团结和友谊。这样把饮食同社交活动联系起来，也是少数民族饮食的一个特点。

我国少数民族饮食文化常与传统的纪念意义联系起来。满族纪念祖先时需要吃"包"，即用两片大白菜叶将各种熟食拌好熟米饭，包起来吃，吃时很有味道。相传清太祖努尔哈赤当年统一女真部落时，遇到险阻，士兵断了口粮，努尔哈赤带头吃用树叶包的野草果，带领士兵渡过饥荒，取得了胜利。后人为了纪念先祖的功绩，每年农历八月廿六吃"包"，这样"包"就有了传统的纪念意义。

各民族的节日文化

民族传统节日文化是展现一个民族的性格、心理特征、风俗习惯、伦理道德、宗教信仰、文学艺术的一个窗口。

广西是歌仙刘三姐的故乡，素有"歌海"之称，每年农历三月三日是壮族人民盛大的歌节。相传已有千余年历史了。歌节是为纪念歌仙刘三姐而演变来的。

对歌是壮族人民喜闻乐见的集体唱歌活动。节日期间男女老少，均靓装艳服，云集歌场，唱歌、演戏、舞狮、舞龙、抛绣球、对唱山歌、碰红蛋、抢花炮，内容丰富多彩。

歌节最富情趣的是姑娘小伙在路边、山坡草地、河旁、树下对歌的场面。歌的种类和形式很多，在如潮的歌声中，情歌最为动人。一首歌唱道："鸡啼鸡报闹声喧，情话一夜说不完，不知哪只鸡先喊，抓来利刀把它斩，看它喊不喊。世上公鸡都斩掉，我俩又能说一天。再说一天也不厌，只为结交到百年。我俩结交到百年，永远相爱心不变。"这时热恋中的情人多希望天亮得慢一点，多说些悄悄话啊！

歌节期间，壮族同胞围在一起吃用植物汁液染成红黄蓝白黑的五

色糯米饭，它象征着壮族人民前程似锦。入夜，一盏盏升起的孔明灯和五彩缤纷的烟花，把夜空装点得更美丽。

少数民族的春节也跟汉族不同。彝族春节正月初一起床后第一件事是挑水，全天用新水洗东西、煮饭，但不准洗衣、晒衣，也不吃青菜。此外，还到野外聚餐，进行歌舞、赛马、摔跤等活动。瑶族则聚集在村寨草坪，比赛射箭、吹芦笙、弹月琴、唱山歌、跳长鼓舞，并举行斗牛比赛。白族除耍狮、玩龙灯、放高升、演唱"大本曲"、"吹吹腔"，还举行迎神赛会，迎送"本主"，祈保安宁。达斡尔族拜年进门抢吃蒸糕，象征"年年高"。仫佬族青年男女聚会山坡，唱山歌、"走坡"，老人则去狩猎，以期满载而归，象征新年吉祥。

藏族则有转山会（沐佛节）、雪顿节（藏戏节）、望果节（预祝丰收）和藏历新年等传统节日。萨噶达瓦节是纪念释迦牟尼诞生、成佛和圆寂的节日，又是僧俗人民预祝丰收的节日。

"开斋节"是伊斯兰教封斋月满后开斋的日子，回族又称过小年。每年九月戒斋，十月初开斋。凡戒斋的人，这期间每天从黎明到日落，戒除一切饮食。开斋节后，恢复正常饮食。新疆各族称肉孜节。"圣诞节"是纪念伊斯兰教创始人穆罕默德的，他诞生和逝世都在回历三月。"古尔邦节"是信仰伊斯兰教的回族、维吾尔族和哈萨克族、乌孜别克族、塔塔尔族、塔吉克族、柯尔克孜族、撒拉族、东乡族、保安族10个民族的宗教节日。每年从开斋之日算起后推70天，即为"古尔邦"节，回族又称过大年。

苗族的苗年，不仅要杀猪宰鸡，祭祀祖先，而且举行赛芦笙、赛马、斗鸡、爬杆、射击、对唱山歌活动。男女青年则走村串寨，行歌坐夜，谈情说爱，所以可以说苗年是民族传统节日，是民族文化艺术节。

瑶族的盘王节来源于对盘瓠的祭祀。据说盘王曾帮助高王打败戎王，取三公主为妻，生下六男六女，传下十二姓瑶人。后来盘王上山狩猎，被羚羊撞下山崖身亡。儿女们找到盘王的遗体，杀死羚羊剥下皮，用它制作长鼓。以后每逢盘王的生日都要敲响长鼓，跳盘王舞。

许多民族传统节日都与传说有联系，像"火把节""泼水节""青蛙节"等。

少数民族的民族传统节日，是群众性传统文化活动。它可促进民族团结，增强民族自信心、自豪感，推动一个民族奋发上进，同时在促进民族的经济文化交流等方面也有积极作用。现代化的过程要求民族传统节日文化在发扬民族优良传统与民族特色的基础上，注入新的时代精神，赋予新的活力，只有这样民族传统节日文化这支鲜花才会永开不败。

各民族的吉祥物

各民族的吉祥物代表各民族的希望、理想和崇尚，是这一民族的心理要求和审美观念的重要特征。

汉族以二龙夺宝来象征神武和力量；蒙古族用骏马来象征进取腾飞；裕固族用头饰代表财富；普米族用笃爸（篾盒）代表丰收；德昂族用虎来象征除恶扬善；塔吉克族用雄鹰代表智慧、正义；珞巴族用吉加阿纳（塔形石头）代表吉祥、公正；朝鲜族用长鼓来象征吉祥欢

乐；瑶族则用长鼓来表示崇敬；佤族用木鼓代表庄严、吉祥；基诺族则把大鼓作为寨神的象征；满族用玉如意代表顺利如意；水族用拐（汉语银压颈）象征庄重、吉祥、万事如意；京族用珍珠象征幸福和光明；傈僳族用弩来象征勤劳勇敢；达斡尔族则把这个民族的传统体育项目曲棍球作为吉祥物；高山族用双联环象征团结；拉祜族用陶葫芦象征团结、祥和、自信、自强；侗族用 56 角鼓楼代表团结、幸福；彝族用子摩格理（漆器）象征安康；藏族、门巴族和珞巴族用切玛（斗）代表丰收幸福；毛南族用顶卡花（汉语花竹帽）做爱情信物；壮族则把绣球作为爱情的象征；布依族用糠包象征纯情和崇敬；保安族则用保安腰刀做爱情信物；景颇族用目脑示栋代表幸福、丰收、胜利；回族则用滩羊象征丰收在望；土家族用阳雀图案的土家织锦象征春天希望、吉祥如意；土族则用带有吉祥如意图案的刺绣作为吉祥物；纳西族用巴东挂毯象征勤劳和智慧；仡佬族用睦福（葫芦上的雄鹰）代表和睦幸福；羌族用羊头壁挂象征吉祥美好；独龙族用独龙毯象征幸福美满；黎族用人龙锦（人龙图案的织锦）代表团结和睦、吉祥如意；鄂伦春族用鹿角代表吉祥；柯尔克孜族用白鹿象征幸福、吉祥爱情；鄂温克族用驯鹿代表善良；阿昌族用白象象征太平、祥和、欢欣；锡伯族用麒麟代表幸福；撒拉族用白骆驼象征希望和幸福；维吾尔族用百灵鸟代表纯洁高尚；白族用金鸡来象征光明、吉祥、幸福；哈尼族用白鹇鸟象征兴旺发达；乌孜别克族用白斑鸠代表安宁、和平、繁荣；哈萨克族用白天鹅代表爱情和美；赫哲族用白天鹅象征智慧、美德、幸福、理想；俄罗斯族用鸽子代表善良、勤劳；畲族用凤象征幸福、光明；傣族用金孔雀象征吉祥、幸福；布朗族用三弦琴代表纯洁、幸福；怒族用达比亚（乐器）和挎包象征幸福吉祥；苗族用芦笙作为文化和感情的象征；东乡族用本族姑娘的服饰象征吉祥顺利、洁身光辉，合家欢乐；塔塔尔族用白额大象代表吉祥。

少数民族文学揽胜

从阿凡提说起

阿凡提是各族人民熟知的一个传奇人物。阿凡提的故事在我国已是家喻户晓、尽人皆知了。他以奇特的形象、机智的话语、幽默的个性，赢得了亿万人的喜爱。

阿凡提长着很长的白胡须，头上戴着一个很大的缠头，穿着没膝的直条花布长衫，腰间扎带，骑在一头瘦小的毛驴上。他骑驴的姿势也与众不同。他解释说："我选择了一种最正确的骑毛驴的办法，就是背朝前，脸朝后。因为毛驴时常做违背我的事情。"又说："这样我就能更好地看着谈话人的面孔，这就更加有礼貌。"

阿凡提是聪明、机智和幽默的象征。阿凡提不是人名，而是一个称号。在维吾尔族语中，阿凡提是老师和先生的意思，是对有知识，有学问的人的尊称，后来阿凡提就成了机智人物纳斯尔丁的专名。《阿凡提的故事》就是一系列以纳斯尔丁·阿凡提这个传奇人物为主人公的维吾尔族民间幽默故事的总称。这一系列扣人心弦的故事，颂扬劳动人民的勇敢、团结和智慧，讽刺剥削阶级的愚蠢、贪婪和虚伪，是维吾尔族人民口头文学的代表作，是维吾尔族人民集体智慧和艺术才能的结晶。

阿凡提的故事不仅在我国的哈萨克、乌孜别克、柯尔克孜、塔吉克等民族中都有流传，而且被译成多种语言文字，在国外的阿拉伯、土耳其、伊朗和原苏联中亚地区、东欧等地也广泛流传。阿凡提是影响世界几大洲的艺术形象，他的故事也已经成为世界性的故事了。

阿凡提形象的最主要的个性特征是智慧和幽默，体现了人民超凡的智慧和强大的力量。

在《金钱和正义》中，阿凡提生动传神的惊人妙语，深沉含蓄，耐人寻味。例如，国王问阿凡提："要是在你面前一边放着金钱，一边放着正义，你愿意要哪一样呢？""我当然要金钱"。阿凡提毫不犹豫地说。"哈哈！你真是一个傻瓜！"国王说："要是我，一定要正义，决不要金钱！金钱有什么稀奇的？正义才是不容易找到的呀！""缺什么的人就想要什么。"阿凡提说："你想要的东西才是你最缺少的啊！"

　　阿凡提这种出奇制胜的巧妙回答，无情地撕去了国王的虚伪面孔，深刻地揭示了国王贪婪和虚伪的本质，真是一针见血，痛快淋漓！

　　在《都是真话》这则故事中，阿凡提的大实话，却获得了含蓄深沉的讽刺效果：国王为了骗个好名声，装着关心老百姓疾苦的样子，去访问阿凡提的家。"先领我去看看你的土地吧！"国王说。"土地都在霍加（老爷）手里呢！"阿凡提回答。"你收的粮食呢？""都送到王宫里去了。"你的屋子怎么没有屋顶呢?""给巴依(财主)拆了。""你的屋子怎么没有家具呢?""被喀孜(官吏)搬光了。""你的儿子呢?""让伯克逼死了。""那么,你的妻子呢?""怕陛下看上她,藏起来了。""你,你怎么尽跟我说些谎话!"国王大吼道。"不,不,都是真话!"阿凡提说。"要是谎话,你可不会发这么大的脾气。"

就是这些真话,深刻地揭露了尖锐的社会问题。阿凡提的不幸遭遇是国王、老爷、财主、官吏造成的。这些大实话是对这伙强盗有力的揭露和辛辣的讽刺。

阿凡提有无穷的智慧,有用不完的才能,他同各种邪恶势力斗争,并且总是取得胜利。他是劳动人民的代表,集中了群众的勇敢和智慧。他和广大群众一起生活,一起斗争。哪里发生了什么事,需要一个什么人去斗争,这个角色总是由阿凡提来担当;哪里有斗争,哪里有需要讽刺的对象,哪里就有阿凡提出现;阿凡提的毛驴走到哪里,哪里就有新的阿凡提的故事产生。

在我国少数民族民间文学的宝库中,各民族几乎都有阿凡提这类风趣幽默的机智人物故事,这些故事的主角都像阿凡提一样机敏、幽默、勇敢,闪烁着智慧的光芒。蒙古族《巴拉根仓的故事》和藏族的《阿古顿巴的故事》是与《阿凡提的故事》相媲美的我国少数民族民间故事的精髓。它们以出类拔萃的思想性和引人入胜的艺术魅力,为广大群众所喜闻乐见。

《让王爷下轿》是篇短小而又喜剧性较强的故事。在蒙古地方,王爷是权力的象征。但在《让王爷下轿》这则故事中,机智勇敢的巴拉根仓却抓住王爷骄狂而又愚蠢的特点,略施小计,出奇制胜,让专横跋扈的显贵威风扫地:王爷出巡,坐着八抬大轿,唯独巴拉根仓敢于拦路挡驾,拒不下跪。王爷妄图对巴拉根仓先"智胜"而后"力擒",

便主动挑战:"听说你最能用谎话骗人,是吗?""不敢,小人是最爱说实话的人,"巴拉根仓说。"都说你最有本事,今天你能把我从轿里骗下来吗?"王爷自以为难住了巴拉根仓,得意地笑起来。"不敢,不敢,我怎么能把王爷赶下轿来呢!如果王爷下了轿,我可有办法马上请你上轿。""真的吗?""凭小人这点智慧来说,这点小事并不难办到。"王爷心想:"我偏不上轿,看你怎么办。"便答应说:"好,好。"王爷说着从轿里走下来。巴拉根仓等王爷两脚刚一落地,笑着说:"聪明的王爷,这不是把你骗下轿了吗!"王爷被巴拉根仓耍得张口结舌,直瞪着那双臃肿的眼睛一句话也没说就又钻进轿子。"看,聪明的王爷,我不仅让你下了轿,还让你一句话没说又上了轿!"随从们见王爷气得嘴歪眼斜,都偷偷地笑起来。"真是个骗子!快抬轿走!"王爷大怒说。轿子刚抬起来,巴拉根仓喊道:"站住!"王爷以为巴拉根仓又出了什么鬼点子,忙叫轿子停下。巴拉根仓哈哈大笑说:"谢谢王爷。"说着,他催马赶路去了。

藏族机智人物阿古顿巴,蕴藏着无尽的才能和智慧。《领主挨揍》就是一篇构思巧妙、短小精粹的故事:有一次,阿古顿巴与其他佣人们打赌,要狠狠地揍老爷诺卓代瓦一顿。大家不相信,都想看看阿古顿巴这回怎样下手。领主爱马如命,每当佣人们饮完他那匹膘肥体壮、非常善跑的马之后,他不准让马在地上打滚,免得把马毛弄脏。这天阿古顿巴饮完马,让马在泥土里打个滚,故意牵到领主面前,领主很生气,责问他。他却说:"老爷,别生气。您也知道,这马呀,让它在地上打打滚,它心里舒坦了,嘿,跑起来可快啦!"领主一听也有道理,就亲手给马扫起土来,马弄了一身灰土和马毛,他左扫右扫,都弄不干净。这时阿古顿巴见机会来了,便说:"老爷,我拿棍儿给您拍打拍打,几下就干净啦。"阿古顿巴边说边拿出早已准备好的棍子来。

起初，他故意轻轻地在领主身上拍，好大一会儿也拍不干净。领主大吼起来："你没有吃饭吗，笨蛋，用劲！""老爷，我是怕把您老人家打伤了。您若不怕，我用劲就是。"于是阿古顿巴抡起木棍狠狠地在领主身上打起来了。"哎唷！傻瓜，轻点吧！""呵？还轻啦？我就再重点吧！"阿古顿巴假装听错了，又狠狠地揍了他几棍子。

阿古顿巴以巧妙的手段惩治残暴的领主，表现了他对领主的蔑视和憎恨。阿古顿巴像黑夜里的一盏明灯，鼓舞着人民的斗志。

我国各民族机智人物故事是少数民族民间文学的瑰宝，又是一朵幽默艺术的奇葩。这些民族文化的珍品在中华民族文化史上占据独特的、杰出的地位，闪烁着耀眼的光芒。

从这些机智人物的故事，我们可以看到少数民族文学是异彩纷呈的。

古老的神话

远古时代各民族的祖先，就已开始了繁衍生息的漫漫历程。这是人类的"童年时代"。这个时代，人的思维活跃，像儿童一样富于幻想，也像儿童一样好奇。日月星辰的出没，风云雷电的变化，寒来暑往的更替，对人类的先民说来，都是一个个的谜。

他们按照自己的想象解释世界，而且根据自己的形象创造了神，产生了五彩缤纷的神话。他们思索天地的来源，就产生了开天辟地的神话。探究自身的来历，就产生了人类起源的神话。这些古老的神话，呈现了各民族先民对天地万物的天真美丽、富有趣味的艺术想象，充满了奇特的浪漫色彩，具有无穷的魅力，是我们了解"人类童年时代"生活和心理的一把钥匙，也是我国各民族精神植株上开放的一枝奇葩，成为我国各民族文学宝库中璀璨夺目的一颗明珠。

苗族古歌

苗族古歌《开天辟地》说：混沌初开，云遮雾障，云雾像孵蛋一样孵出大鸟科啼和乐啼，大鸟生出天和地。天地刚生下的时候，只有撮箕和席子那么大，叠合拥抱在一起。巨人剖帕用斧头猛一砍，天地才分开；往吾用锅把天地煮圆，耙公用巴掌把它们拍大，样婆用手把它们拉宽；力大无比的府方用头一顶，天才升上去，用脚一踩，地才降下来。这时风才来回吹，鸟才自由飞，人也才伸直腰。

最初，天靠妞香夫妇俩支撑，后来换成蒿秆和五倍子支撑，还是不稳固，而且天上没有日月，地上还没有光明。宝公、雄公、且公、当公4人，从东方运来金银，用山谷当风箱，风作风扇，黄泥为炉，岩石当锤，在九架山上，打成5根撑天柱，把天地撑稳。他们又劳累了12个白天和12个晚上，铸造出12对日月。巨人冷五头顶太阳，肩扛月亮，袖藏星星，腰拴银河，"嗨"的一声，像箭飞上天，用铁锤钢钻把日月嵌在蓝天上。

后来，好汉桑扎射下11对日月，留下一个太阳和月亮，轮流照射，日月生辉。巨人们又造就山林，开了江河，填好平地，砌稳斜坡，才有了山种树，才有了土。再后来石头敲击出了火，人类生活才真正开始。

古歌生动形象地为我们描绘了一幅宇宙演化图：雾——泥——天地——万物。古歌绘声绘色地叙述了神奇非凡、艰苦卓绝的宇宙开创史。古歌中的神和巨人是苗族先民与大自然搏斗的开天辟地的英雄。

纳西族《创世纪》

纳西族的神话史诗《创世纪》用奇幻的想象，描述了天地万物和人类的起源，展示出开天辟地的雄浑壮丽的场面：在遥远浩渺的洪荒年代，茫茫世界，混沌一片，整个宇宙，动荡不安。自然界"三生九，九生万物"，阳光变成绿松石，月光变成黑宝石。绿松石和黑宝石变成气，气变音，白气和妙音变成善神。善神变成神鸡，神鸡扯草做窝生下九对白蛋，孵出天神、地神和开天的九兄弟、辟地的七姐妹。

正当开天辟地的神男神女们，竖起 5 根撑天柱，把天补得圆圆的，把地铺得平平坦坦的，神鸡又生下最后一对蛋，变成了一头野牛。野牛撞破天、踏破地，弄得天倾地摧。神男神女们只得再造天地。他们用好土、好石、金银、宝石、珍珠、海螺、珊瑚建成了居那若果神山，用它来撑天镇地，终于完成了开天辟地的大业。

后来，神山下的瑞气和山上的妙音变出白露和大海，海蛋孵出第一代人。传至第九代，兄妹结亲，触怒了天神子劳阿普，降下暴雨和洪水加以严惩。洪水降临，善良的从忍利恩得到善神的指点，躲在牛皮囊中，死里逃生。天神的女儿衬红褒白命化作白鹤前来相助，两人倾心相爱，同回天宫。可是天神子劳阿普不愿凡人到天上，更不愿把女儿嫁给从忍利恩。子劳阿普想尽一切办法，想暗害从忍利恩。叫他一天砍完九 10 九座山的森林，一天烧尽九十九片树林，一天播完九十九块地的种子，又叫他一粒不少地拣回来。这还不算，子劳阿普又让他去打岩羊，想让他丧生悬崖；让他临河捕鱼，想让他葬身江河；要他取来三滴虎奶，想让老虎吃掉他；叫他从各种野兽变成的"仙女"中认出衬红褒白命……但这一切没有难倒从忍利恩。他在衬红褒白命帮助下，凭着自己的智慧和勇敢，渡过了 10 余道生死难关。

当他扮作小虎机智地取回虎奶时，不可一世的暴君子劳阿普吓得目瞪口呆，惊恐地问："你是什么种族？你是谁的子孙？"从忍利恩气壮山河地回答："我是开九重天九兄弟的后代，我是辟七层地七姐妹的后代，我是白海螺蛳的后代，我是黄金大象的后代，我是大力士久高那布的后代，是翻越九十九座大山力气更大的种族，是翻过九十九座大坡精神更旺盛的种族。我把居那若果山放在肚里也不会饱，我喝完金沙江的水也不解渴，三根腿骨一口吞下鲠不住，三升炒面一口咽下不会呛，是所有会杀人的人杀也杀不死的种族，是所有会敲人的人敲也敲不碎的种族！"这雷鸣般的声音，这顶天立地的气概，迫使子劳阿普将女儿嫁给了他。

从忍利恩和衬红褒白命不愿安享天宫的荣华富贵，他们带着种子和禽畜，双双离开天庭。一路上，他们战胜了重重险阻和凶神的追赶拦截，重新回到人间。他们开荒种地，饲养牲畜，后来又生下 3 个男孩，但他们不会说话，衬红褒白命派蝙蝠到天山探得秘方，3 个儿子说出 3 种话，变成藏、白、纳西 3 个民族，从此，人类繁衍不衰。

彝族《梅葛》

关于人类的起源，彝族人民世代相传的一部创世史诗《梅葛》也有奇特的解释：人是天神格滋造的，"天上撒下三把雪，落地变成三代人。"第一代是"独脚人"，只有一尺二寸长，独自一人不能走路，吃的是泥沙，这代人被太阳晒死了。第二代人一丈三尺长，他们"吃的山林果，住的老山洞"，当天空出现 9 个太阳时，这代人也被太阳晒死了。格滋天神用錾和锤，将 9 个太阳和月亮錾得只剩下一个太阳和月亮之后，又撒下第三把雪，变成直眼睛的第三代人。格滋天神为他们创造了五谷，老龙还教人取火。但这代人心不好，他们不耕地，不种田，只知吃饭睡觉，睡觉吃饭，格滋天神决心发动洪水将人种换一换。后来洪水滔天，第三代人除了好心的老五和他的小妹妹，其余的人全被淹死了。兄妹二人相配成一家。妹妹在河尾捧水吃而怀孕，生下一只葫芦，从里面走出来汉、傣、彝、傈僳、苗、藏、白、回等 9 个民族。

迦萨甘创世

哈萨克族的先民在他们童年时代对宇宙形成和人类起源又有自己

幼稚而独特的看法：创世之神迦萨甘从河水中找到一块半红半青的圆石，掰为两半，一半变成火，一半变成水。当圆石重新合并时，升起的蒸气变为天，剩下的渣滓变为地。他又用自身的光和热创造了太阳和月亮，天地之间便有了光明和温暖。

迦萨甘在大地中心栽种了一棵生命树，树上结出了像鸟一样会飞的灵魂，接着他用黄泥捏了一对空心的小人，并取来灵魂从小泥人的嘴巴吹进去，小泥人便有了生命。小人长大结成夫妻，生子繁衍成哈萨克 25 个部落。

日月、洪水神话及其他

在我国少数民族征服自然的神话中日月神话和洪水神话占有突出的位置。傈僳族的日月神话情节尤为奇特：因为猕猴念咒，万物应该有生有死，所以，蓝天开始索人魂，大地开始要人骨，洪荒年代开始了。那时，在一个有十来户的村寨里，有两个从小失去父母的兄妹，无依无靠，住在村子旁边一个蒿枝窝棚里，过着野猪野牛一样的生活。……在洪水退落以后，天上出现了 9 个太阳，7 个月亮，白天晒得大地冒烟。正当兄妹两人感到惊恐的时候，两只金鸟为他们送来了金榔头和银火钳。他们按金鸟的指点，打开龙宫的大门，用银钳制伏了大批虾兵蟹将，又用金榔头迎战龙王，迫使龙王交出了金弩和银箭。兄妹俩带上金弩和银箭，爬到最高的山峰上，哥哥拉弦，妹妹搭箭，一连射下 8 个太阳，只留下最亮的一个，射落了 6 个月亮，只留下最明的一个。

在众多的洪水神话中壮族的《布伯》最为生动：布伯是远古时代壮族的英雄，他本领非凡，英勇无畏。他敢于抓龙王拔龙须要水，敢去打开天河铜闸让天河水长流，使人间获得丰收。由此，结怨于龙王，也开罪了天神雷王。雷王塞住天河水，发誓让人间足足旱它 3 年。雷王如此作威作福，布伯气得两眼冒金星，发誓上天抓雷王。他英勇机智把雷王降服，雷王答应3天之内降雨人间。但布伯一走，雷王不仅把承诺扔在一边，还亲自出马下来劈人。因踩在布伯事先布置好的滑溜溜的豆藜上，滚入天井。不仅跌落了门牙，还被布伯用渔网网住，用鸡罩罩起来，关进谷仓里。

　　雷王被关了3天，仍不肯下雨。布伯上圩场去买盐和缸，准备醃雷王，分给六亲尝。并嘱咐儿女，不能让雷王喝水和借斧头。狡猾的雷王用眼泪骗取了小兄妹，得到一点潲水喝，终于破仓乘云驾雾逃回天上。为了报复，雷王连续下了几个月的大雨，千村万户被水淹，一片洪水白茫茫，飞鸟有翅无处落，千万生灵葬海洋。布伯毫无畏惧，骑着"长碓"向雷王挥剑冲杀，雷王变成锯鱼锯断布伯的长碓，布伯不幸落水。他在水中顽强战斗，砍断了雷王的一只脚。长时间在水中搏斗，使过于困倦的布伯睡着了，握在手里的宝剑掉了。雷王劈下来，一道红光飞上天，布伯壮烈牺牲。一颗火热的心飞上天空，变成启明星，光照人间。

小兄妹因为没有看住雷王，让他得以逃走，挨了父亲的责备，哭着扔掉拾到的雷王那颗跌落的门牙。那颗门牙入土很快发芽开花结葫芦，洪水来临时，兄妹二人躲进葫芦幸免于难。后来兄妹成婚，但生下的孩子又被雷王劈成360块，这些肉块又都变成了人，并由启明星分成360个姓，人类就这样繁衍下来，人间又有了欢乐和歌声。雷王因杀不尽凡间人，只得躲在云后发恨声，英雄布伯的故事却世世代代传下来。

在解释自然现象的神话中，佤族史诗《司岗里》对雷、雨、云、虹的解释十分奇妙有趣：佤族祖先惊天动地地舂新谷，杵棒顶高了天，从此同大地分途。天空舍不得大地，天空气呼呼，大雨是它的眼泪，雷鸣是它的怒吼……天空怒气不息，人类无法舂谷，便向天空道歉，并送去了礼物：金色的谷糠扬起，化成朵朵彩云。彩云是佤族人民送给天空的花衣，五彩缤纷的彩虹是镶在衣服上的花边。人类开拓了大地，人们打扮了天空。

反映早期人类征服自然、改造自然的神话是原始文学中最壮丽的诗篇。我国少数民族神话是一个广无边界和色彩纷呈的世界。许多创世神话还由后来的民间传唱而融入民族史诗。苗族的《古歌》，彝族的《梅葛》《查姆》《阿细的先基》，纳西族的《创世纪》，哈尼族的《奥色密色》，拉祜族的《牡帕密帕》，阿昌族的《遮帕麻和遮米麻》，瑶族的《密洛陀》，壮族的《布碌陀》《布伯》等古老的神话至今仍以它生动的形象、神奇的幻想、雄浑纤丽的风格、浓郁的民族特色和积极进取精神，征服着人们的心灵。

英雄史诗

比神话产生稍迟一些的英雄叙事诗又称英雄史诗。它是描写氏族、部落和民族形成过程中氏族、部落之间的战争，并以其英雄人物的业绩为主题的集体创作的古老诗篇。它大多是鸿篇巨制，结构庞大，气势磅礴，充满幻想和传奇色彩。"每一个伟大的民族都有这样绝对的原始的书，来表现全民族的原始精神"。史诗就是一个民族的传奇故事，被称为一种"民族精神的展览馆"，是一个民族的"百科全书"或形象化的历史。

英雄史诗的出现，是人类从野蛮时代跨入文明时代的标志，又是"诗领域的第一颗成熟的果实"。我国少数民族史诗蕴藏十分丰富，它充分表现出各族人民惊人的创造能力，在中国文学史上占有特殊的地位，具有划时代的意义。

我国三大英雄史诗

史诗是我国民族文学百花园中的一丛奇卉，在我国少数民族众多的史诗作品中，藏族的《格萨尔王传》、蒙古族的《江格尔》、柯尔克孜族的《玛纳斯》被誉为"中国三大英雄史诗"，它们是中华民族文学宝库的奇珍，列入世界著名史诗之林。

这里我们只简单介绍一下这三部中国文学史上不朽的名著。

格萨尔王传

《格萨尔王传》是藏族文学史上最光辉的英雄史诗。它是一部在藏族人民中间广为流传，内容丰富，结构宏伟的巨著。全诗约100部，是世界瞩目的最长的民族史诗。

史诗以藏族古代神话式的英雄格萨尔大王南征北讨、杀敌降魔为主线，在我们面前展开了藏族古代社会壮丽的生活画面。这里有惊心动魄的战争场景，也有缠绵悱恻的爱情插曲；有为国捐躯的壮烈颂歌，也有失去亲人的悲痛泣诉；有奇异优美的神话，也有妙趣横生的生活故事。史诗先后描写了几百个不同性格、不同特征的神仙魔怪和传奇式人物，表现了几十场使人惊心动魄的战争。在格萨尔身上集中了藏族的民族精神，表现了古代藏族人民的理想和愿望。

史诗中神话、幻想和现实巧妙交织，增加了史诗的艺术魅力。华美的词藻，使史诗具有绚丽壮美的色彩。传统的说唱并举的表现形式，散文叙事，韵文抒情，散韵错落，十分感人。

《格萨尔王传》为中华民族古代文化增添了异彩，也是藏族人民向世界文化贡献的奇宝。

《江格尔》是蒙古族最优秀的长篇英雄史诗，也是世界著名的英雄史诗之一。

《江格尔》是由数十部作品组成的一部大型史诗。除一部序诗外，其余各部都有一个完整的故事，可以独立成篇，前后各章又紧密相关，成为一个有机的整体，具有蒙古族说唱艺术的特点。

史诗描绘的是以江格尔为首的英雄们降妖伏魔，痛歼掠夺者，保卫家乡宝木巴的辉煌业绩。它通过一系列瑰丽多彩的画卷和可歌可泣的故事，真实地描绘了奴隶制社会生活风俗的画面，表现了人民群众的美好愿望和理想。

《江格尔》成功地塑造了许多栩栩如生的人物形象。其中江格尔和洪古尔是贯穿全诗的核心人物。

史诗语言优美精练，想象大胆奇特，整部史诗具有雄奇壮观的气势和刚健清新的风格，达到了蒙古族传统民间韵文创作的一个高峰。

它是蒙古族民间文学的一个瑰宝，是中国文学史上不朽的名著。

《玛纳斯》是柯尔克孜族一部规模宏伟的英雄史诗。现在记录整理的共有 8 部 20 余万行。《玛纳斯》是这部英雄史诗的总名，其他各部都以每部主人公的名字命名。它以玛纳斯家族八代英雄的业绩作为贯穿史诗的主线，演出了柯尔克孜族一代又一代的悲怆豪壮的兴衰存亡史。它篇幅浩瀚，内涵丰富，是反映古代柯尔克孜民族社会生活的一部百科全书，具有重要的认识价值和学术价值。

《玛纳斯》是一部具有很高思想性和艺术性的作品。玛纳斯家族八代英雄是民族精神的化身。他们英勇无畏，浴血奋战，反抗异族统治者的掠夺和奴役。前仆后继，为争取自由和幸福生活进行不懈的斗争，表现了柯尔克孜人民不可战胜的精神面貌，歌颂了古代柯尔克孜人民对侵略者的反抗精神和斗争意志。

《玛纳斯》在人物塑造、故事情节的安排上都表现了民间歌手丰富的智慧和独具匠心。语言具有浓郁的民族特色，词汇丰富，妙语连珠，诗文吟诵起来朗朗上口，悦耳动人。

《玛纳斯》是一部珍贵的文学遗产。它是我国著名的三大英雄史诗之一，早已列入世界名著之林，名闻遐迩。

乌古斯传

《乌古斯传》是维吾尔族一部历史悠久的英雄史诗，1 000 多年来在维吾尔族及其他突厥语族人民中广泛流传。它叙述了乌古斯的降生、成长和惊险经历。

乌古斯是个青脸红嘴，黑色头发的英俊男孩儿，他只吃了母亲一口初乳就不再吃奶了，开始吃生肉和酒，就立刻会说话。40 天后，就会走路。日子不久，他便长成一个能骑善猎的小伙子。他居住的地方是一片大森林，有一只异常凶猛的独角兽，时常出来残害人畜。勇敢的乌古斯几经周折，杀死了独角兽，为人们除了害。有一天，乌古斯出外打猎，夜幕降临时，忽然从天上射下一道蓝光，蓝光中有位美丽的少女，乌古斯爱上了她，同这丛光中降临的少女结了婚，生下3个儿子，老大叫太阳，老二叫月亮，老三叫星星。又有一天，乌古斯又出去打猎，看见湖水中有棵树，树荫下有个美丽的姑娘，乌古斯又娶了她。姑娘也生下3个儿子，长子叫天，次子叫山，幼子叫海。这以后，乌古斯举行盛大的庆典，即位为可汗，并发布诏令，要四周部落臣服于他。诏令发出后，黄金汗立即进贡臣服，但乌鲁木汗却抗旨不遵，乌古斯可汗大怒，立即兴兵讨伐。他率领兵马走了40天。一天清晨，从射进帐子的强光中走出一只苍毛苍鬃的公狼。它对乌古斯说"嗨，你要进兵乌鲁木，就让我为你带路吧！"于是乌古斯旗开得胜，夺下了乌鲁木的汗位。在公狼引导下，乌古斯连战连捷，攻无不克，战无不胜，建立了一个强盛的汗国。一天乌古斯召开全部族大会，把国土分给儿子们。他说："在上天面前我履行了职责，我要把国家移交给你们。"

莫一大王

《莫一大王》是壮族一部著名的英雄史诗，在壮族文学史上占重要地位。它叙述了莫一从幼年寻父到长大后斗奸赶山、反抗皇帝的过程，曲折动人。分吞珠、斗奸、当王、压日、赶山、种竹、射箭、扎兵、中计、变蜂等10章。

莫一小时候，父亲被奸臣杀害，丢尸深潭。莫一长大后，泅水去寻找父尸，发现父亲变成一头牯牛伏在潭底。牯牛给他手上吐了一颗亮晶晶的珍珠，莫一吞服珍珠后，力大无比，获得了无穷的法力。为了民族的生存，莫一奋起抗粮，被抓到京城里。皇帝听信奸臣胡差官的谗言，要用壮人的皮来盖宫殿。莫一用辣椒汤熬成一锅稀饭，让数十名壮丁吃饱后，光着身子在太阳底下去晒，晒得人们浑身淌汗，皇帝发现这些人皮"漏水"，盖不得宫殿，赦免了这些奴隶。莫一戳穿了胡差官的阴谋，奸臣被斩首，莫一做了十三大王。

莫一留恋家乡，想念妻子。白天在京当大王，晚上骑着神马回故乡。时间久了，他妻子怀了身孕。莫一的母亲发现后，他的妻子只好把事情的真相全都告诉了婆婆。婆婆要她留下莫一的一只朝靴以为凭证。这天莫一找不见靴子，眼看太阳升起，心里一着急，便伸手把太阳按下去。皇帝大惊，取出照妖镜向南一照，发现一个大臣正用泥捏作靴子。莫一捏好靴子，骑上神马去参加早朝。皇帝命令每一位大臣都穿着靴子从金銮殿旁的一条水沟走过，莫一的泥靴露出了赤脚。皇帝命令武士捉拿莫一，他机智地骑上神马逃回故乡。皇帝派遣大军捉拿莫一。为了抵抗皇兵，他取出一根赶山鞭，用竹鞭赶山围寨，想把皇帝的大军围困在山里。莫一把鞭拿在手，山山向他来叩头；莫一挥鞭把山赶，山山跑步抢在头。一天，莫一赶了一群山在村里休息，醒来时问两个妇人："你们看见我赶的那群牛吗？"两个妇人说："我们只看见一群山，没看见你的牛。"于是，赶来的山便再也走不动了。

莫一夫妇又在山岭上种竹子，用竹节育神兵，还没等神兵育成，竹兵被皇帝烧死了。莫一用剩下的唯一一根竹子做弓箭，向京城连发三箭，可惜生长期不够，弓箭无力，只有一支箭掉进皇帝的脸盆里。莫一躲在山里又用茅草编扎神兵，这事被皇兵发现，突然发起进攻，莫一且战且退，皇兵用计射死了莫一的神马，莫一才被砍了头。人头飞上天，在空中还骂皇帝。官兵走后，莫一的人头又从天上落下，搁在自己的脖子上，完好如初。莫一的母亲误说"头断不能活"，人头顿时气绝。莫一在临终时叮嘱妻子，将他的头颅密封在缸子里，七七四十九天后才能打开。第四十八天他母亲误将缸盖打开，一窝蜂从缸中涌出，直向皇宫飞去，蜇瞎了皇帝的眼，把皇兵赶过山，莫一报了仇，皇帝从此再也不敢欺压壮家人了。

满斗莫日根

《满斗莫日根》是赫哲族的英雄史诗，它被赫哲族艺人以民间口头说唱流传，长达6万余字。它通过满斗莫日根与其他部落的矛盾和大规模战争的描述，反映了赫哲族人民反抗邪恶，抵御强暴、保卫乡土的思想，表达了他们对英雄事业的崇拜，对和平劳动和美满幸福生活的追求。

满斗莫日根的父母被虏为奴，与儿女失散，妹妹满巾德都又不幸失踪，满斗沦为孤儿。他精神昏迷，过着饥一顿饱一顿的生活，疯疯癫癫地过了十几年。原来满巾自小就被神仙收养，传授神法。15年后满巾有了神通，就指点哥哥去寻找自己的父母。开始西征时，出师就遇上了伯丘仁和伯库仁两个劲敌。满斗求得自己护身神的帮助，把伯丘仁摔倒在地，将他揍死。弟弟伯库仁不服，也被击毙。这时，敌手的妹妹博尼恩德都又前来厮拼，同满斗抱摔在一起。一个虎劲横生，一个越战越勇，从晌午厮拼到下晚，还是不分胜负。正在摔着，两位白发老人劝女儿住手，并把女儿许配给满斗。满斗见老人心肠好，就上前行跪拜礼，随后继续西行。在妹妹和未婚妻的帮助下，来到第二个城池。城主穆扭莫日根哥仨武艺高强，妹妹穆扭德都神通广大。城主的妹妹说服了三位哥哥与满斗结拜为兄弟，于是他又跃马扬鞭，继续西征，来到第三个城池。城主飞勒鲁、德勒莫日根弟兄俩异常骁勇，城主的妹妹德勒鲁德都心地善良，变成神鹰飞到满斗兄弟跟前，劝他们回去，满斗兄弟誓不回头；德鲁勒德都又劝说两位哥哥与对方和好，他们也不听。于是双方拼死搏斗。德勒鲁莫日根利用两把神剑附在胳膊上，勒断了满斗莫日根的肋骨使他昏了过去。穆扭莫日根穿上神衣应战，双方继续摔跤搏斗。满巾见哥哥生命垂危，便向天祷告。这时从天外飞来两道云彩，下来两位老人，用白药面涂在满斗的肋骨上，伤口立刻痊愈。满斗扭住德勒鲁，把他一下摔死。飞勒鲁来助战，双方打得难解难分。变成神鹰的德勒鲁德都见她哥哥抵挡不过满斗的神力，她盘旋而上，升到云端，然后闪电般俯冲下来，两手一分，一边推开一个，在德勒鲁德都的劝说下，双方罢战，并肩骑马进城。满斗在城里找到正在从事奴隶劳动的母亲，满斗的父亲已在被虏的路上身亡。母子相见，悲喜交集。满斗莫日根得到 3 座城池，娶了 3 个媳妇。他统一了三江平原，人民都过上了安居乐业、丰衣足食的生活。

优美的叙事诗

　　"牛死留有角，人死留有话。牛角挂在檐柱上，为了给人看；老人留下叙事的歌，是为了将往事向后代人叙说。"这是一首侗族叙事歌开头唱的。几乎每一个民族都有自己"叙事的歌"，它形象地反映了各民族历史上不同时期的社会生活，放射出璀璨的艺术光彩。

　　民间叙事长诗在我们少数民族民间文学的宝库中，特别丰富，特别发达。这种由劳动人民集体创作、口头流传的长篇韵文故事，是在各民族民间诗歌、神话、传说、史诗等文学样式的基础上发展起来的，它的出现标志着一个民族的诗歌创作已达到了相当高的水平。其中许多优秀作品如彝族的《阿诗玛》、傣族的《召树屯》《娥并与桑洛》、蒙古族的《嘎达梅林》等叙事长诗已列入世界优秀民间艺术之林，成为我国民族民间文学宝库中的珍品。

阿诗玛

《阿诗玛》是彝族优美的叙事长诗。它广泛流传于云南圭山地区彝族分支撒尼人当中，是我国民间叙事长诗的一颗灿烂的明珠，也是世界文学宝库的珍宝。它代表了我国少数民族民间叙事长诗的最高成就。

《阿诗玛》的故事是从阿诗玛和阿黑兄妹与封建势力的代表热布巴拉的斗争展开的。它通过婚姻掠夺这一中心事件，揭示了阿着底地方两个阶级的对立和斗争。

阿着底山上住着穷人格路日明一家，山下住着大财主热布巴拉一家。阿诗玛和阿黑两兄妹，就是格路日明的孩子。阿诗玛是撒尼人民的优秀儿女。她聪明美丽，勤劳能干。她绣的花，鲜艳像山茶，她赶的羊群像秋天的白云。她的歌声最响亮，她的手艺最高强。成了小伙子们离不开的伙伴，姑娘们离不开的好姊妹，众人心中的一朵红艳艳的山茶。阿诗玛热爱生活，向往爱情："会盘田的人我才中意"、"真心的人我才喜欢"。正当她憧憬美好幸福的生活，追求婚姻自由的时候，热布巴拉罪恶的魔爪，伸向美丽善良的阿诗玛。

"花开蜂不来"、"有蜜蜂不采"的热布巴拉，一心想依仗财势，逼她嫁给像猴子一样的儿子阿支，遭到阿诗玛的严辞拒绝："清水不愿和浑水在一起"，"绵羊不愿和豺狼作伴"，她立下誓言："不嫁给有钱人"。在金钱引诱和精神折磨面前，阿诗玛没有屈服退让，敢于向热布巴拉的权势进击，"不嫁就是不嫁，99个不嫁！"，财主见软硬兼施都不行，就下了毒手，强行抢走阿诗玛，把她关进土牢，日夜逼她允婚。

哥哥阿黑在高山上放牧，得知妹妹被抢走，立刻背起弓箭，骑上快马，追赶和营救阿诗玛。阿黑来到热布巴拉家住地后，大叫三声，被关在黑牢里的阿诗玛听见后，吹口弦回答。声音惊动了热布巴拉家，双方展开了较量：和热布巴拉的儿子比唱歌、比砍树、比接树，比撒种，比拾种，阿黑一一取胜。热布巴拉父子放虎企图暗害阿黑，阿诗玛以口弦传信，阿黑三箭射死3只虎，粉碎了热布巴拉家的阴谋。最后阿黑用神箭射中了热布巴拉家的祖先灵牌，才迫使财主放出阿诗玛。但他们并不甘心，用计串通岩神，在阿诗玛兄妹回家的路上，放水淹死了阿诗玛。她化为撒尼人生活中最亲切的回声，永远在山谷中，在人们的心中回响。

阿诗玛在回声中得到永生，阿诗玛和阿黑永远活在撒尼人心中，撒尼小伙子常说："我们各个都是阿黑！"撒尼姑娘常说："我们各个都是阿诗玛！"

召树屯

傣族民间叙事长诗《召树屯》是一曲纯洁爱情的赞歌。电影《孔雀公主》就是取材于这一世代相传的古老传说故事。

在茫茫的森林里，有一个古老的，出圣贤的国土，叫做勐板加，召树屯就生在这里。召树屯长大以后，很喜欢打猎，又长得十分英俊，这里的百姓都很喜欢他，都说王子会给他们带来幸福。

在遥远的天与地之间，云与雾之间有另一个叫勐董板的孔雀国，是个"遍地开鲜花，满山是牛羊"的好地方。国王有七个美丽的孔雀公主，最美丽的要数第七个姑娘婻婼娜，她们生活的很美满，每隔7天，就要飞到大森林里的金湖去游水。

一天，从竹林中跑出一个猎人，骑着马拿着弩箭。他追逐一只金鹿，从树林里追到湖边，落日把他的影子送到水面，惊动了7个孔雀姑娘。召树屯按着神龙的启示，在湖边悄悄地取走了婻婼娜的孔雀衣。然后，他放声歌唱，6个姐姐慌慌张张奔上岸，穿着孔雀衣飞走了。"婻婼娜慌忙躲进花丛，婻婼娜的手啊，被谁轻轻的牵动"，召树屯把自己的衣服披在她的身上。他激动地用歌声向婻婼娜表达爱情："姑娘啊，我不是狐狸，不会吃小鸡，我不是老虎，不会伤害人。我是勐板加的一只丑鸭，我是猎人的一只秃箭，我是田野上张望的鹭鸶"。他道出了他的名字，姑娘感到十分震惊，因为她的命运已决定要嫁给一个勇敢的人。召树屯的歌声，像一只蜜蜂落在婻婼娜的心上，她望着湖水，又羞又喜地低声歌唱："热辣的太阳，会使鲜花枯萎，你炽热的爱情啊，叫我的心跳荡……愿你像一棵椰子树，树高根深，我会天天坐在树下，觉得快活凉爽。"她接受了召树屯的爱情，一对情侣，手拉着手，沿着湖岸，像一对金凤凰一样漫舞轻唱。

不久，召树屯离别了新婚的妻子出外打仗，美丽而又贤惠的婻婼娜深情地鼓励丈夫出征，叮咛他英勇作战："去啊，不要说时间长，椰

子 10 年才会结果，葵花总是向着太阳，你一定会得胜，欢乐的日子会像青松一样"。正当召树屯节节胜利的时候，昏庸的国王听信摩古拉的诬陷，"一棵树结不出两种果子，婻婼娜生得再漂亮，也不能和人住在一起"，视婻婼娜为不祥之物，要杀了她来祭鬼消灾。那一天勐板加一片阴暗、凄凉，在刑场上婻婼娜要求把羽衣还给她，让她临终一舞，告别欢乐的人世。她穿起孔雀衣，翩翩起舞，飞向屋顶，盘旋在勐板加的上空，掉下细雨般的眼泪，告别召树屯的故乡，告别他们初恋的金湖，飞返孔雀国去了。

召树屯凯旋回来，不见了爱妻，不幸的消息像猎人的暗箭，使一只飞在空中的鸟突然跌落下来，但他相信"她还留给我一颗心，决心只要我还有一口气，我就要寻找婻婼娜"。在他追赶婻婼娜的途中，凭着他坚贞的爱情，克服了种种艰难险阻，巨蟒让他渡过黑河，神箭射开旋转的巨石，神奇的巨鸟把他带到天与地之间的勐董板。走了整整 3 年的召树屯来到勐董板的宫廷。国王为了考验女婿的本领，用铁和巨石堆成三层石墙，再钉上铁钉。召树屯只轻轻一箭，三道墙就全部崩开；国王又叫人搭起布棚，在许多躲在幕布后面姑娘伸出的手中，让召树屯认出婻婼娜的手指，召树屯把一个个手指都看遍，发现在一只手指上闪烁着萤火虫似的戒指，这是婻婼娜对他的思念，于是，他紧紧地抓住了这个手指，夫妻终于团圆。

召树屯做了孔雀国的国王，不久他领着婻婼娜回到勐板加，接替父王，又成了勐板加的国王。

娥并与桑洛

傣族的叙事长诗《娥并与桑洛》是一部优美动人、反封建的爱情悲剧，被认为是傣族最有名、最好的诗。

桑洛是景多昂的一个有钱人家的独生子，他很漂亮、能干，为了反抗"父母之命"的封建婚姻，为寻找真正的爱情，借做生意为名，离开了家庭。在古老的猛根城，结识了美丽的姑娘娥并。他们一见倾心，没有得到母亲同意，就和娥并结成了夫妻。后来桑洛回家告诉母亲要娶娥并，遭到拒绝。当身怀有孕的娥并从远方来找桑洛时，桑洛的母亲故意支开了儿子，用刀子和竹针把娥并刺伤，并把她赶出家门。娥并在回家的路上途经森林，生下一个小孩。婴儿落地就变成了一只小鸟，叫着父亲的名字："桑洛！桑洛！"娥并伤心地说："亲爱的桑洛啊！我们的爱情，像一棵竹子，被劈成两半了，连刚出土的竹笋，也被人铲掉。"闻讯赶来的桑洛，只看到娥并的最后一次微笑，悲恸欲绝，抽刀自刎，倒在娥并身边。后来，他俩变成两颗星星，一颗出现在黄昏，一颗出现在黎明，年年三月两颗星星相会，它们无比明亮、美丽。

桑洛是一个充满理想，富于反抗的形象，他是封建社会的叛逆者，最后以死作了抗争。娥并美丽而聪慧、温柔，富有自我牺牲精神。这对恋人的悲剧，控诉了万恶的封建婚姻制度，集中反映了人民追求幸福生活的理想。

仰啊莎

《仰啊莎》是苗族最优美的爱情叙事长诗，苗族人民称它是"最美丽的歌"。传说仰啊莎出生在水井里，她像清凉的井水一样纯净、温柔、美丽。美丽的樱桃花，勤劳的蜜蜂，善歌的画眉都喜欢仰啊莎，争着和她谈情说爱。媒婆乌云花言巧语骗她嫁给了太阳。而太阳是个薄情寡义的家伙，第一天和仰啊莎同桌吃饭，第二天同仰啊莎烤火谈天，第三天找来贫穷的月亮当长工。结婚才几天就丢下新婚的妻子，到东海边做生意当"理老"去了。温柔善良的仰啊莎忍着寂寞，眼睁睁地看着东方，盼太阳回来。

　　仰婀莎问东方来的人："太阳几时才回来？"人家说："他在东海边当理老，做生意，桌上捡银子，桌下捡牛腿，争名争利去了，哪里还记得你！"蝉儿在树上为仰婀莎悲鸣，她请蝉儿把她的心带到东方去，把太阳叫回来。太阳不但不理，反而把蝉儿打死了。冬去春来，仰婀莎守了 6 年空房。她的心像泉水一样冰凉，寂寞又悲伤。在这漫长孤独的日子里，只有给太阳当长工的月亮同情她、帮助她。眼看多了面就熟，手牵多了情就深，仰婀莎对月亮，心里有了情。憨厚、诚朴的月亮说："千仓谷子人家有，一挑谷子我也没得，猫崽我都无法养，仰婀莎啊！我怎么能够娶你？"仰婀莎道："千仓谷子你没有，你有两只手，锄头举过头顶，山山岭岭变良田。哥哥，你不用发愁！"他们逃出了太阳家，在天边安了家，开始了幸福的生活。

　　太阳得知仰婀莎跟着月亮跑了的消息，捞起大裤脚，一跳三个坡，呼呼跑回家。到家后打猫打狗，摔锅砸罐，他找到天边，又花言巧语骗仰婀莎道："我对你心没变，快快跟我转回家！"仰婀莎对太阳宣告："青草已沤成泥巴，我实在寒心了"，"月亮人勤快，月亮好心肠，我已经爱上他，死也不回你的家！"

　　仰婀莎和太阳请天狗理老断案，判月亮割江山给太阳，让仰婀莎和月亮成一家。自那以后，月亮就只掌管晚上了。月亮赔了江山，却得到了仰婀莎的爱情。因为太阳"宁愿要江山，不要仰婀莎"，惹得"千人万人看，太阳害羞了，太阳放出银针千万枚，不让人家看！"

　　长诗通过丰富瑰丽的想象，采用拟人化的手法，塑造了众多的艺术形象，涉及和描写了这么多事物和自然现象。闪耀着苗族人民智慧的光辉。这首长诗在苗族人民中享有崇高的声誉，仰婀莎在苗族人民中的影响，就像阿诗玛在彝族撒尼人中间那样深远。

嘎达梅林

《嘎达梅林》是一首在内蒙古广泛流传并有全国影响的著名叙事长诗。

这部长诗取材于嘎达梅林起义的真实历史事件：半个世纪前，日本帝国主义和军阀、内蒙古地方封建势力相勾结，肆意掠夺、残酷剥削内蒙古农牧民。1928 年，东北军阀妄图进一步吞并辽河以北的大片土地，牧民们失去牧场，背井离乡，四处逃亡。富有正义感，关心人民疾苦的嘎达梅林，挺身而出，为民请命。他曾向达尔罕王爷进行劝谏，曾联名向军阀张作霖上书请愿，结果遭到了革职处分，后来又被判处死刑。嘎达梅林的妻子牡丹为了救出亲人，不惜家破人亡，联络亲朋，一举劫狱成功。在严酷的事实教育下，嘎达梅林觉醒了，他终于丢掉了对统治阶级的幻想，率领蒙古人民走上了武装起义的道路。这场以反对军阀张作霖勾结蒙古王公掠夺人民土地为斗争内容的起义，前后历时数年，是蒙古族现代史上一次影响巨大的著名的人民起义。

"南方飞来的小鸿雁哪，不落长江不起飞，要说起义的嘎达梅林，是为了蒙古人民的土地。"这充满怀念之情的"序歌"，浑厚深沉，使人们沉入悲壮激越的气氛之中。紧接 12 章叙事长歌，以浓重的抒情笔调展开波澜壮阔的场面，展开丰富多彩的故事，刻画形形色色的人物。长诗成功地塑造了人民英雄嘎达梅林的形象，他从自己一系列遭遇中，破除了对反动统治阶级的幻想。劫狱暴动后的嘎达梅林以一个新人的姿态出现在我们面前："想不到枯死的树木又扎了根，想不到弟兄们死里又逃了生……天山的太阳不怕云啊，山上的松柏不怕风，共患难的众弟兄啊，要活命只有跟王府拼！"嘎达梅林一经走上反抗的道路便决不妥协，坚决斗争到底，任何威胁利诱也动摇不了他的决心。他得知家毁儿亡，却强抑悲痛劝慰牡丹："如今的天下有冤难申啊，无牵无挂跟敌人拼命吧！"他对王爷的劝降奸计，针锋相对，毫不留情："背着大枪起来反抗，是为了十旗的土地，老嘎达宁愿粉身碎骨，绝不投降万恶的仇敌！"嘎达梅林的起义队伍转战南北，历尽艰辛，坚持斗争数年后，在敌强我弱，弹尽粮绝的情况下，亦绝不畏缩，宁愿战死，也不投降，表现了起义人民大无畏的英雄气概："弟兄啊，一个个倒下，子弹啊，一颗颗打光，嘎达誓不屈服投降，连人带马投入了西拉木伦河激浪。"

长诗成功地塑造了牡丹的光辉形象，她是一个爱憎分明的勇敢的女性，坚决果断，具有草原骑士风度。

《嘎达梅林》是蒙古族叙事长诗的代表作，至今仍以其极大的艺术魅力，感染着千百万读者，它已为各国各族人民所熟知。根据长诗创作的歌剧，电影剧本以及交响乐《嘎达梅林交响诗》，在全国人民中有很深的影响。

多样的歌谣

我国少数民族喜歌善唱，许多民族被称为"歌的民族"，许多民族地区被誉为"歌的海洋"。哈萨克族有句谚语："你伴随着歌声躺进摇篮，也伴随着歌声离开人间"，可见诗歌在各族人民生活中的地位。以歌对谈，以歌答问，以歌传情是各少数民族传统的生活习俗。侗族有"饭养身，歌养心"的口头语，他们把唱歌、吃饭看得同等重要，因此，处处有歌，事事用歌，人人会歌。在许多民族中还有"花儿会"、"歌圩"、"走坡"、"芦笙会"、"采花节"等传统歌节。

我国少数民族民歌是在人们劳动生活中产生，它伴随着人们繁衍生息，印下了我们祖先从渔猎时代所走过的每一步足迹，也倾吐着各族人民所经受的痛苦和欢乐，真实地反映着人们的思想、意志和感情。它像一颗颗晶莹璀璨的明珠，放射着不灭的光辉。

我国少数民族诗歌形式多样，内容丰富。从形式上看，既有鸿篇巨制的英雄史诗，又有脍炙人口的叙事长诗，又有新鲜活泼、精巧别致的短篇歌谣。

歌谣是各族人民在生产斗争和阶级斗争中集体创作的。它形式灵活多样，曲调悦耳动听，具有简短和抒情的特点。它反映生活便捷，是各族人民所喜爱的一种诗歌形式。一般把能合乐可唱的叫"歌"，只供吟诵的称"谣"。民间歌谣简称为"民歌"。

少数民族歌谣的内容是极其丰富的，可以这么说，天文地理、历史传说、民风民俗、生产生活、爱情婚姻、伦理道德，无不包含在这唱不尽的民歌中。这五色纷呈的民间歌谣，栩栩如生地展现了各民族不同时期社会生活与斗争的画卷。

少数民族民歌一般都具有真实自然的情感；简洁凝练的语言，刚健豪放、畅爽直率的风格；浓郁的泥土芳香和丰富的民族色彩；千姿百态，各具风采。各民族又都有自己喜闻乐见的表现形式。藏族的"鲁体"、"谐体"，苗族的轮回问答，瑶族的"香哩"，侗族的"大歌"，朝鲜族的"阿里郎"，西北地区的"花儿"，壮族的"欢"，白族的"打歌"，水族的"双歌"，各种称谓多得数不清，使得民歌丰富多彩，它汇集成民歌园地的百花，竞相开放，散发着醉人的芳香。

这些丰富多彩的民歌，在过去曾经伴随各族人民走过漫长的岁月，给人以生活的勇气和力量；今天它又装点着各民族的新生活，为物质文明和精神文明的建设，发挥着积极的作用。

一般从内容出发，结合某些特殊功能，将各少数民族歌谣分为劳动歌、习俗歌、情歌、生活歌和时政歌5类。

劳动歌

各少数民族的劳动歌抒发了各族人民热爱劳动的崇高感情，对劳动情景作高度诗意化的描绘，表现了各族人民团结互助和勤劳朴实的品德，是"人民的科学、宗教和天文知识的备忘录"。

蒙古族这个"马背上的民族"，有一首简短质朴的牧歌："蓝蓝的天空飘着那白云，白云下面盖着雪白的羊群。羊群好像是斑斑白银，撒在草原上多么爱煞人。"这首优美的民歌像是一幅美丽的图画，真切地表现出牧人欢畅、豪迈、旷达的精神世界。曲调舒缓悠扬，有很强的艺术感染力。

哈萨克族一首《畜牧生产歌》细腻描绘了牧民对马的热爱与珍惜："我外出远行，它是我的脚力，我周游世界，它是我的伴侣，康巴尔先灵养育了它——我的栗色马呀，它在哪里？库拉乌，库拉乌！"

白族的《采花歌》借 12 个月数花名，巧妙地唱出一年四季的特征和农事活动，布依族《种稻歌》全面反映从春耕犁耙到开镰收割的全过程。各民族的劳动歌，是歌海中的一朵美丽的浪花。悠扬奔放的牧歌，粗犷热情的猎歌，豪放的渔歌，清亮的插秧歌，还有采茶歌、砍柴歌、盖房歌、挖井歌……反映了各族人民丰富多彩的劳动生活。

习俗歌

各少数民族的习俗歌，从各方面反映了各族人民特有的风俗习惯。通过这些各具特点的习俗歌，不仅可以看到一幅幅情调各异的风俗画，还可以了解到各族人民特有的精神态度和民族性格。分婚礼歌、丧葬歌、酒礼歌、祭祖歌等。

鄂温克族一首祝酒歌表现了姑娘出嫁时的喜庆气氛，同时表现了鄂温克族豪爽的性格："把用坛子盛着的酒，敬给敬爱的呼达霍都格。给将要出嫁的姑娘，把最好的祝福送下，像杨柳那样常青，永过幸福美满的生活！把用酒壶盛着的酒，敬给敬爱的呼达霍都格，给将要出嫁的女儿，致以由衷的祝贺：像松柏那样常青，永远幸福美满的生活。"

《哭嫁歌》表现妇女对买卖婚姻的不满，彝族的哭嫁歌唱道："爸爸妈妈呀，你们爱金银，才把姑娘嫁；金银像石头，饿了不能吃，冷了不能穿。"土家族的"哭上轿"，歌中的新嫁娘，哭述离别之苦，叙骨肉之情："哥哥呀，哥哥呀，你把我背到岩坎上倒了吧，让我变成鸟飞去了吧，哥哥呀，哥哥呀，你把我背到深潭里倒了吧，让我变成鱼儿游去吧。变只鸟儿，我飞到无边无际的天空里头哩，变个鱼儿，我游到无边无际的大海里。"

普米族有一首赞美狮子山的习俗歌，男女青年相邀到女神庙对歌酬神，赞美神山，寄托了普米族人虔诚的心。女唱："泸沽湖畔的小山，是狮子山的绣花鞋；碧波荡漾的泸沽湖，是狮子山皱折的绿裙。狮子山的心恋何处，狮子山穿的什么衣裳？"男答："苍翠的森林，是狮子山的绿衣裳，开满鲜花的山坡，是狮子山的花衣裳；狮子山的心啊，向着那玉笋排排的玉龙雪山；狮子山恋慕的伙伴呵，是那银峰壁立的玉龙雪山；她爱玉龙雪山四季不脱银帽；她更爱玉龙雪山有一颗玉兰花的心。"

情　歌

情歌在少数民族浩如烟海的民歌中，是一朵奇葩。它不仅数量占相当的比重，还独具艺术魅力，为各族人民喜闻乐见。歌颂真挚美好的爱情，表现对不合理婚姻制度的反抗精神是各族情歌的基调。通过各族的情歌，我们也可以窥见各族人民的希望和期待。

一首藏族情歌唱道："两颗心连在一起，就像锁起来一样。即使你拿来金铸的钥匙，也找不到开锁的地方。"赞美了纯洁、忠贞的爱情。一首苗族情歌，表达同样的思想："星一颗，心一颗，心心放在郎心窝。星星亮在那银河，银河还不算安稳，心窝永远结丝萝。"前一首比喻贴切，立意深远；后一首想象超拔，情真意挚。

壮族民歌《若是我俩换心肝》一方面表达了山盟海誓的真情，又嘲讽土司，表现了对权贵的蔑视，构思巧妙，想象奇异："若是我俩换心肝，黄连树上也会结蜜柑；黄连树梢起房住，风雨不动稳如山。外面美过金銮殿，里面暖如红火炭；土司路过连声问，'谁起洞房在云端？'爱做栋梁情做瓦，情做枝条爱做砖，彩虹做带织栏杆，月亮做灯照得宽。四海传扬我俩情义重，我俩名声大过土司家。"

有两首情歌是表现男女青年对爱情的坚贞不渝和同封建势力坚决斗争的。一首是布依族的："前门挨打哭哀哀，后门招手喊哥来，好花不怕霜雪打，霜雪越打花越开。"另一首是瑶族的："生也恋来死也恋，不怕刀枪齐房檐，一刀一枪杀死了，二世还魂又来恋。"

生活在西北边疆的塔塔尔族对爱情严肃、慎重，青年们在挑选对象时常常爱唱一首《莫受挑拨》的歌："要选就选黄鲜鲜的甜苹果，莫被粉红色的酸苹果缭花眼窝；要挑就挑诚挚可靠的心上人儿，切莫被不相干的人轻易挑拨。"以此隐示选择对象不能为外表迷惑，最重要的是人的心灵美，如果对方是诚挚可靠的，就应坚贞不渝地爱下去。

生活歌

历史上各族劳动人民长期遭受统治者残酷剥削和压迫，产生了大量真实反映各族人民痛苦生活的歌。它对我们认识旧社会的本质有一定教育作用。

蒙古族的《孤独的小骆驼羔》以幼小可怜的动物自喻，控诉了黑暗的社会环境，恶劣的自然环境给穷苦人带来的灾难："漆黑的夜呀阴森，左看右望不见人，亲爱的妈妈你在哪里呀？我痛哭嚎啕无处寻！我想妈妈泪洒尽，好似钢刀割我的心，找遍了草原找不见，地冻天寒冻煞人。"

"瑶人穷，一日三餐苦菜根，芭蕉叶子做被盖，龙头叶子做斗篷"，形象地刻画了瑶族人民在旧社会食不果腹、衣不遮体的惨状。

一首土家族山歌《穷就穷在土地上》唱道："桐子挨打只为油，长工遭孽只为穷。穷就穷在土地上，想打麻雀没石头。"这是痛苦的呻吟，抗争的呐喊，是对罪恶的旧社会的嘲笑和控诉！

在苦情歌中诉说妇女不幸的民歌占很大比重。在漫长的旧社会，妇女的痛苦是无穷无尽的："田里的畦是很长的，妇女的痛苦是很长的；畦里的活路总有个完，妇女的痛苦却没有完。"有的还揭露了这一悲剧的社会根源："鸭子还没绒毛就捉去杀，女儿未满十六就迫去嫁，不是女人生来命该受苦，是人们把女人踏在脚底下。"（壮族歌谣）仫佬族一首歌唱出了童养媳的悲痛："十八姑娘三岁郎，夜夜洗脚抱上床，三更半夜喊吃奶，是你妻子还是娘。"

哪里有压迫，哪里就有反抗，无穷的苦难积蓄了巨大的愤怒，反抗的烈火终究会熊熊燃烧："黑洞洞的天为啥不垮？黑沉沉的地为啥不塌？狗地主打瞎了阿妈的眼，怎能不把他埋葬？仇要报，恨要消，烈火要向财主烧。"（羌族歌谣）

时政歌

时政歌是各族人民最集中、最鲜明表明自己政治观点的短歌，它概括而真切地反映了在反动统治下各族人民的悲惨命运，揭露阶级压迫的实质。它是刺向剥削阶级的匕首，有很强的战斗性。

一首哈尼族民歌唱出了劳动人民与剥削阶级的尖锐对立："土司在，我们不得吃和穿。土司在，我们鸡鸭不生蛋。土司在，我们的小娃长不大。土司在，我们永远翻不了身。"一首彝族民歌唱出了奴隶一无所有："遍山的羊群是奴隶主的，软软的牧鞭是奴隶主的，牧羊的姑娘是奴隶主的。牧场响起了悲歌，唯有歌声才是自己的。"一首土家山歌唱道："土司的算盘真正怪，鸡蛋算出骨头来，石狮算出眼泪来。睡在棺材伸出手，死了要收阎王债。"

各族人民在斗争中逐渐懂得了一切罪恶的根源是旧的社会制度。一首纳西族民歌唱道："三千五百年的痛苦，要怪旧制度，劳动属于奴隶，土地属于领主。"布依族民歌用形象的比喻道出官逼民反："缸里的水满了，水就要往外淌，官兵对百姓压榨多了，百姓就要起来反抗"。侗族民歌《勉王起兵又重来》表达了侗族人民继承勉王遗志，冲出地狱的决心。瑶族的反抗斗争民谣以龙虎自比："龙叫一声天地动，虎叫百声跃万山"。回族"花儿"体的反抗地主阶级的时政歌《不死就是这个闹法》唱道："四股子麻绳背扎下，老爷的大堂上吊下，刀子拿起头割下，不死就是这个闹法。"表现出回族人民大无畏的英雄气概。

动人的传说

民间传说是与一定的历史人物、历史事件及地方风物有密切关联的口头故事。具有浓厚的历史色彩和传奇性，它既是各族人民"口传的历史"，又是优美动人的艺术珍品。

民间传说就内容说，主要有人物传说、史事传说和风物习俗传说。我国各少数民族的民间传说极为丰富，可谓浩如烟海、璀璨夺目，不少作品成为旷古名篇。如苗族吴八月起义的传说，回族杜文秀起义的传说，苗族张秀眉起义的传说，藏族文成公主的传说，壮族刘三姐的传说，傣族、基诺族关于诸葛亮的传说，纳西、彝族火把节的传说，傣族泼水节的传说，高山族日月潭的传说，都是脍炙人口的作品，深受各族人民的喜爱。

吴　勉

吴勉是侗族古代一个有很大影响的英雄人物。明洪武十一年到十八年（1378－1385）吴勉两次领导侗、苗族农民起义，反抗封建统治者的压迫。

传说吴勉降生时，他从娘胎里带了两件宝贝到世上，左手拿一本书，右手拿着小鞭子（赶山鞭），这代表着侗族人民的智慧和力量。吴勉劳动好，歌也唱得好，寨上青年男女都喜欢跟他作伴。这样，吴勉就自然成了罗汉头。在他 18 岁那年，家乡贵州黎平大旱，粮食颗粒无收，到处有人逃荒、卖儿卖女。皇帝和官家不顾人民的死活，逼租要粮，并派兵镇压侗族人民的抗粮斗争，害死了他的父亲。吴勉怒吼道："皇帝怎样对付我们，我们就怎样对付他；官家杀掉我父亲，我就杀掉皇帝来报仇！"

于是他由罗汉头变成农民起义领袖，扛着造反大旗，走上起义的道路。为了替父报仇，他花了七七四十九天的时间铸造了 3 支神箭，准备在皇帝上朝时射死他。神箭铸好了，吴勉对姨妈说："为了铸造这 3 支神箭，我累了 49 天没睡觉。现在先让我睡一会，明天听到鸡叫再唤醒我。"姨妈准备了一面铜锣，放在鸡笼上，恰巧有一只黄鼠狼来偷鸡，打翻铜锣，笼里的公鸡叫起来，于是吴勉跑上山顶，向着京城，朝金銮宝殿连射三箭，可皇帝还没上早朝，3 支箭射在龙椅上，皇帝见箭上刻有"吴勉"二字，立刻下令派 10 万大军捉拿吴勉。吴勉早有准备，他拿起赶山鞭，把岩石像猪羊一样赶着往前跑，想在八洛河上筑成一道大水坝来淹灭官家的军队。但一个姑娘误说是"死石头"，道破天机，那些岩石就再也赶不走了。这时敌人包围了黎平南面的一个寨子，情况十分紧急，吴勉为了稳定军心，拿一根树苗倒栽在地上，说："如果这棵倒栽的树能够活，我就不会死。如果栽不活，那么要跑也跑不了。"不料倒栽的树苗竟然活了，于是起义军军心大振，终于打败了敌人。直到现在岭迁寨上还长着一颗古老而奇怪的大树，树枝树叶是从地下长出来的，而树根好像在顶上，当地人都叫它"吴勉树"。

赶山鞭和倒栽树这两个故事颂扬吴勉超人的神力和智谋，表达了侗族人民对起义军及其领袖的赞誉和挚爱。在吴勉身上寄托了他们美好的希望。吴勉不屈不挠的斗争精神是侗族人民民族性格、民族心理形象的体现。

望夫云

云南大理的山川，翠绿雄伟，实在迷人。苍山山势雄伟，横列如屏，山顶终年积雪，故称"银苍"。苍山有十九峰，18 条溪水由苍山倾泻下来，像一条条闪光的银链，悬瀑飞泉，十分壮观。苍山对面的洱海，波光粼粼的湖水与苍山的积雪相辉映，令人神往。每到冬天，玉局峰上便出现一缕洁白的云彩，袅袅婷婷，宛如一个纯洁美丽的少女，伫立在玉局峰顶，深情地向洱海眺望。这朵云彩一出现，苍山洱海之间便掀起一股惊人的风暴，平静的洱海顿时白浪滔天，波涛滚滚，直到海底的石坪吹得露出水面，风暴才停息下来。这朵神奇的云彩有个动人的名字叫"望夫云"。关于它，流传着一个美丽的传说。

　　相传 1 000 多年前，南诏王有个美丽善良的公主，她刚 19 岁。这年，美丽的公主与英俊的猎人相识，两人倾心相爱。不料南诏王已将公主许配给统帅全军的大将军，择定吉日就要成亲。公主心急如焚，幸得喜鹊帮助，把情况告诉了猎人。猎人连夜闯入宫廷，救出公主，然后双双逃到玉局峰，结为终身伴侣。南诏王大怒，让罗荃法师施法术，用冰雪封冻了苍山，要把公主和猎人冻死在山上。公主忍受不了寒冷，猎人就不顾艰险去罗荃寺为她盗取冬暖夏凉的八宝袈裟，返回途中被妖僧打入洱海，变成石骡。公主悲愤交集，怒不可遏，化成云朵，飘上天空，停在苍山顶上，寻找自己亲爱的丈夫。从此，每当白云冉冉升起，海面就狂风大作，直到把海水吹开，现出石骡，风暴才会平息，"望夫云"也才退去。

《望夫云》故事优美动人，很有诗意，又具有民族特色。它悲剧性的结局，具有很强的艺术感染力，在白族人民中家喻户晓。诗人作家以它为素材，创作了长诗，创作了歌剧、滇剧和白剧《望夫云》，深受读者和观众的欢迎。

鸟吊山的传说

南诏时候，天马山有一个白旗村子，村子里有一对倾心相爱的情人，男的叫春生，女的叫桂花。聪明美丽的桂花姑娘被一个地方官看上，硬逼她去做第七房小老婆。桂花死也不答应，被抓进土牢。春生趁夜深人静，冲进土牢，救出桂花，连夜逃走。地方官和狗腿子紧追不舍，春生和桂花眼看就要落入地方官的手掌，就爬到一棵大树上双双吊死了。他们死后，从尸体里飞出一对金凤凰，翩翩向西飞去，想飞过万水千山，离开这污秽的地方。当他们飞到罗坪山最高峰时，山上正下着漫天大雪，他们没能冲出大雪弥漫的天空，结果双双冻死在山顶上。凤凰是群鸟之王，群鸟知道凤凰双双死去，就从四面八方飞向罗坪山，凭吊金凤凰。从那时起，每到秋天，夜雾弥漫而又没有星光的夜里，成千上万的各种鸟类成群结队从四面八方飞来，空中时时传来急促凄厉的鸟鸣声。当地居民此时常在漫山遍野燃起火堆，火光照耀，满山浓雾顿时呈现五光十色，真如凤凰翩翩起舞。这时群鸟争先恐后飞向山顶，破雾冲向火光。现在每当仲秋时节，人们燃火观鸟，青年们聚会唱曲对歌，欣赏着"百鸟朝凤"的自然奇观。这座神奇的山，被人称为鸟吊山。

　　鸟吊山这种奇特现象，人们一直认为是个谜。科学家们解释说这是一种鸟类的迁徙活动。鸟类迁徙的路线主要决定于地势和食物，往往常年不变。据考察鸟类迁徙经过云南省的路线之一是由青海经四川西南部，再沿云南西部横断山到达缅甸、泰国、印度及马来半岛。罗坪山正是这条路线的必经之路。鸟类迁徙白天以太阳导航，夜间以星星导航，而八九月的罗坪山大雾蒙蒙细雨绵绵，它们只好低空飞行，看不见星星，也就迷失了方向，于是便往火堆扑来，这就是鸟吊山之谜的由来。

　　另一则传说则说百鸟在中秋时节前来朝拜凤凰，一次正当歌舞欢宴之时，山上卷起漫天大雪，众鸟冻坏了，凤凰便拔下自己的羽毛分给众鸟御寒，并让它们迅速逃走。当百鸟全部安全飞走时，凤凰的羽毛已被拔光，再也无法抵御暴风雪的侵袭，最后冻死在罗坪山上。众鸟来哀悼，所以名叫鸟吊山。这个传说歌颂了凤凰舍己为人，救护百鸟的牺牲精神。

火把节的传说

在纳西族、彝族和白族中都流传着火把节的传说。这些传说意在形象地解释风俗习惯和节日来历，反映各族人民特定历史阶段的社会生活及他们的理想愿望。

纳西族《火把节的传说》是这样的：相传玉皇大帝在天宫坐得实在闷倦了，命令将紧闭的天门打开，想欣赏一番人间的自然景色，当他看到大地上青青的山，绿绿的树，百花争艳，流水似锦；人们劳动、歌舞，一派欢乐景象，人间比天宫的生活更美好，不禁大怒。他就派一名大将着手把人间烧光。天将到人间一看，人们正在辛勤地劳动着。他想：人间的美好生活是用汗水换来的，我怎么忍心烧毁人间呢？他决心冒被玉皇大帝杀头的危险，拯救人间。回到天宫，他禀告玉帝说：人间已被烧光了。玉帝信以为真，满意地笑了。一天，玉帝又想看看人间的废墟瓦砾，打开天门一看，只见人间比过去更美好了。他知道自己受了骗，就把那天将杀了。天将虽然死了，仍然尽力拯救人间，他的一滴血落在大地上，变成一个娃娃，痛哭着对大家说："玉皇大帝今晚要派天神将人间烧光，大家赶快点燃火把，连烧 3 夜，渡过这场灾难！"人们急忙奔走相告，家家门前都点燃了火把，一连烧了 3 个夜晚。玉皇大帝一看，以为人间到处烧起了大火，又满意地笑了。从此，纳西族就有了"火把节"，以纪念那位为拯救人间而献身的天将。

火把节的传说，各民族不尽相同。在白族、彝族中都流传不少火把节的传说，浸染着各民族不同的色彩。白族的《火把节》讲古时有个叫薄邦的人，他因救民心切，忘了观音"先撒五谷，后撒树种"的叮嘱，边走边把五谷与树种一齐撒完，结果他走过的路被层层密林挡住，无法返回，人们便点燃火把去找这位造福的人。彝族的《火把节》讲天上和地下的两个大力士比武，结果天上的大力士被打败摔死了。天神大怒，便派大批蝗虫来吃地上的庄稼。地上的大力士领着大家砍了许多松树枝，点燃了火把，把蝗虫统统烧死，保住了庄稼。为了纪念战胜天神，从此每年到这一天，都要举火把欢庆。这些传说不单解释了火把节的由来，而且是古代劳动人民生活、斗争的艺术表现。

泼水节的传说

傣族是个爱水的民族，对水的赞美是傣家永恒的主题。傣家人不仅把最动人的颂歌献给生命之源——水，还为它设计了迷人的舞蹈、美丽的传说，并为它规定了盛大的节日。傣家人把"泼水节"作为新年的最好贺礼。"泼水节"是傣族的传统佳节。傣族的新年是在傣历六月，相当于农历清明节后一周开始，泼水节就是傣历的元旦。节日期间，傣族男女老少都沉浸在欢乐之中。赛龙舟，放高升（焰火），互相泼水，表示祝福。

关于泼水节的来历，傣族人民中流传这样一个故事：很久以前，有一个凶恶残暴的魔王，他刀砍不死，火烧不伤。他独霸一方，无恶不作，给人民带来无穷的灾难。他抢来6个美女做妻子，但还不满足。一天他又抢来一个美丽的姑娘做他第七个妻子。这姑娘美丽聪明，魔王特别喜欢她。这姑娘决心为民除害，不露声色地在等待时机。过年那天夜里，她用最好的酒把魔王灌醉，趁魔王高兴，假意对魔王说："大王，你真勇敢，天下也找不到你的对手。"魔王高兴地说："我的心肝，其实我也有致命的弱点，只要有人拔下我的一根头发来勒我的脖子，我就会立刻死去。"姑娘探得了这个秘密，等魔王睡熟后，轻轻地从他头上拔下一根头发，往魔王脖子上一勒，魔王的头立刻掉了下来，变成一团火球往外滚。他的头滚到哪里，火就烧到那里。房屋被烧毁了，庄稼被烧焦了，到处都是飞起的烈焰，眼看大地就要成为一片火海，姑娘立即抱住魔王的头，把大火引到自己身上。那6个姑娘轮流泼水，一直泼了990天，才把火泼灭，让人们免除了一场灾难。傣族人民为了感谢她们为民除害，每年清明节后的第七天，都给她们泼一次水。后来，这做法又演变为"看得起谁就泼给谁"的习俗，以泼水表示纪念和祝福。认为节日的水是吉祥的水，可以冲走一年中的疾病和痛苦。

　　这个动人的传说，曲折地反映了傣族人民与封建统治阶级之间的斗争，表达了傣族人民力图征服自然灾害的美好愿望和傣族人民爱憎

分明，疾恶如仇的高尚情操。

日月潭的传说

在祖国美丽的宝岛台湾省中部丛山中，有一著名风景区——日月潭。它四面翠峰环抱，郁郁苍苍；湖面辽阔，水平如镜。日月潭中有一秀丽小岛，远远望去好像一颗珠子镶在水面。以这"珠子"为界，北半湖形如日轮，南半湖状似新月，所以人们叫它日月潭。日月潭风光迷人，山水相映，重峦叠嶂，四季晨昏晴雨，景物变化多端。潭畔山麓建有楼阁亭台，美景如画，是"台湾八景"之最。

《日月潭》是高山族优美的地方风物传说，它反映高山族人民与大自然的斗争，是一篇富有神话色彩的民间文学作品。

古时候，大清溪边住着一对青年夫妇，男的叫大尖哥，女的叫水社姐，他俩专门打鱼，过着恬静的渔猎生活。一天，天上的太阳和月亮突然不见，天地漆黑漆黑。他俩只好烧起柴火在家里做事，点燃松蜡下溪捕鱼。不久，花不开了，果子不结了，鸟也不叫了。虫在哭泣，家家户户在唉声叹气，所有人们的日子都难过啊！大尖哥说："太阳和月亮一定落到地上来了，可能在大山上，也可能在大森林里。我想去寻找它们，要回我们的光亮。"水社姐说："好啊，我们两个人去吧！"小夫妻拿起大火把往大山走去，往森林走去。坚信太阳和月亮是能够被找回来的。可是，他们在大山上，在森林里，不见太阳的影子，也不见月亮的影子，天上黑墨墨的，地上黑墨墨的。火把熄灭了，又点上一支，他俩毫不灰心，仍向前走去。一天他们走到一座大山，望见远远的地方亮一阵黑一阵，黑一阵亮一阵，小夫妻欢呼着，连跳带跑地朝有光亮的地方走去。走到大潭边，看见两条大大的恶龙，在深潭里把太阳和月亮吞吞吐吐，一碰一击的，像玩大珠球一样。它们只图自己好玩，却没想到千千万万的人日子过不下去啊！大尖哥和水社姐在一个深深的岩洞里见到一个白发老婆婆，她要他们到阿里山脚底下挖出金斧头和金剪刀，投入潭中。小夫妻拿到两件宝贝，杀死了两条恶龙，太阳和月亮从恶龙口里滚出来，在潭里一浮一沉的，好光亮啊！他们听说人吃了龙的眼珠会身长力大，就挖出两条恶龙的眼珠，一口吞下肚，他们变成又高又大的人，站在深潭里像两座高山。他捧起太阳往天上抛，又伸手在潭边拔了一根几十丈高的大棕榈树，向上托着，一冲一冲地把太阳冲上天空去了，他们又扛起月亮，又用棕榈树整整冲了一天，月亮上了天空。太阳红彤彤的，照旧在天上行；晚上月亮明光光的，照旧在天上走。地上的花草树木活了，人们笑了，月光下的人们拍手、唱歌、欢舞。

为了使太阳和月亮永远在天上明明亮亮地照着，不让它们再掉下来，为了不让恶龙再活转来，大尖哥和水社姐，手拿大棕榈树，笔挺挺地分站在潭的两边，大尖哥抬头望着天上，水社姐低下头望着潭里。年复一年，变成两座高山叫大尖山和水社山，巍巍耸立。后来人们把这个潭叫做日月潭。每年秋季，高山族人民身着盛装，手持竹竿和彩球，汇集一处，将彩球抛向天空，用竹竿向上冲击，不让球落下来，学大尖哥和水社姐托太阳和月亮上天的样子，这种玩法叫托球舞。

茶和盐的故事

《茶和盐的故事》本来是流传在藏族地区的一个爱情故事。故事的男女主人公死后，分别变成茶和盐再次相会。藏族人民用茶和盐打成香气扑鼻的酥油茶时，便想念起这故事的主人公，所以它又被认为是藏族的习俗传说。

美梅措是辖部落女土司的女儿，文顿巴是努部落土司的儿子，两人从小隔岸放牧，朝夕相处，共同的劳动使他们产生了深厚的感情，私自交换手镯、戒指定下终身。不幸两个部落世代为仇，不许儿女互婚。当女土司得知自己的女儿爱上了仇家的儿子时，非常恼怒，不由分说，便派自己的三儿子用毒箭射死文顿巴。美梅措见文顿巴中了毒箭，赶紧用马送他回家。并向他表示："今生不能在一起，来生一定做夫妻！"文顿巴回家后即中毒身亡。文顿巴火葬的那天，美梅措穿上最好的衣服，戴上最美的首饰，奋身跳入火中，和自己心爱的人一起化为灰烬。女土司恶狠狠地说："死也不能让你们在一块"！便问文顿巴的家人："文顿巴生前怕什么？"答说："怕蛇。"女土司说："我女儿怕青蛙，快给我捉蛇和青蛙来！"手下人捉来一条蛇和一只青蛙，照女土司的吩咐，放在骨灰上，避开蛇的是文顿巴的骨灰，躲着青蛙的是美梅措的骨灰，它们被女土司分开，埋在河的两岸。结果东岸长出一朵大红花，西岸长出一朵大黄花。女土司将花掐折了，两岸又长出两棵树，小鸟在树上不断啼鸣。这事让女土司知道了，她又叫人把小鸟射死，将树砍倒。河的两岸不让他们住，文顿巴便到羌塘变成盐湖里的盐，美梅措到内地变成了茶树上的茶叶。藏族人民吃糌粑时，煮上浓茶放上盐，漂几坨金黄的酥油，拌上糌粑，吃起来满口浓香。藏族人民谁也离不开它，女土司再也无法将他们分开了。而每当人们端起酥油茶时，便会想起一对勇敢而坚贞的青年恋人。

各族文化互相交流

中国少数民族文化源远流长，中国少数民族作家文学也有着悠久的历史。许多少数民族作家，使用本民族文字，反映本民族的历史和现实生活，表现出浓郁的民族风格和特色。也有不少作家接受汉民族文化的影响，使用汉文进行创作，同样取得辉煌的成就，都为中国文学的繁荣和发展作出了自己的贡献。

藏族作家文学早期的瑰宝

藏族是我国古老的民族之一，藏族作家文学已有近千年的历史。著名的《道歌》《萨迦格言》《米拉日巴传》《仓央嘉措情歌集》，小说《旋努达美》等都是藏族作家文学的瑰宝。

《道歌》是用诗歌来阐述和答问的宗教诗，15世纪由桑吉坚参编撰成集。这是第一本藏族诗人的专集。采录了近500首诗歌，这些诗歌是米拉日巴在到处行乞时唱的。诗中多数作品是宣扬佛教教义的作品。其中揭露统治者贪残的作品和对山林景色生动逼真的描写，是可取的。如："贪吃者的里面，没有比狗更嘴馋的；无耻者的里面，没有比官更可怕的。""上方的极乐世界可能痛苦不小，往那里去的人很少；下方的地狱可能幸福不小，看那些权贵们都争着往那里跑!"《道歌》的形式和语言，对后世有较大影响。

贡噶坚赞的《萨迦格言》是格言诗，它用俗语、谚语、典故，把极富哲理的高深道理，深入浅出地表达出来，通俗形象，受到人民的喜爱，对后世格言诗产生很大影响。

《仓央嘉措情歌》是17世纪藏族情歌集，收代表作60多首。《情歌》是藏族诗坛上的奇花异卉，它不仅在藏族人民中广泛流传，为国内各族人民熟知，在国际上也享有盛誉。一首首富于炽热感情的情歌，写出主人公内心的矛盾和对现实生活的理想，构思精巧，比喻恰当，通俗自然，充满一种淳朴的美感，为藏族的诗歌创作开拓了新的诗风。

《米拉日巴传》是一部传记体作品，记述了米拉日巴一生的事迹。基本上用散文形式，结构错落有致，表现了作者较高的艺术造诣，是藏族传记文学发展的丰碑。

《旋努达美》是藏族文学史上第一部长篇小说，记述的是这样一个爱情故事：公主益雯玛倾心于文武双全、品貌出众、并且爱慕着公主的旋努达美王子，然而公主的父亲已将女儿许配给邻国王子哈列。为了追求幸福的爱情，旋努达美和益雯玛与封建的包办婚姻进行了坚决的斗争，经过无数波折，终于战胜哈列王子，终成眷属。《旋努达美》的出现，开辟了一块崭新的藏族文学园地，它成为藏族长篇小说的开山之作。而树立这座丰碑的文学家次日旺杰，当时只有 23 岁。

维吾尔族文学史上的三大名著

长篇巨著《突厥语大辞典》、叙事长诗《福乐智慧》和警世劝喻长诗《真理的入门》称为维吾尔族文学史上的三大名著。

《突厥语大辞典》是 11 世纪维吾尔族学者穆哈默德·喀什噶尔编纂的一部用阿拉伯语诠释突厥词语的大型辞书。为了准确地说明词语的含义，他撷取了许多文学作品片段作为例证，援引了 300 多首民歌和作家诗歌，还有民间传说、故事、格言、谚语、谜语等。它记录了天文、地理、历史、宗教、民俗、艺术等学科的珍贵资料，以其丰富的内容和学术价值闻名于世，对后世文学产生了深远的影响。

《福乐智慧》是 11 世纪维吾尔族诗人尤素甫·哈斯·哈吉甫的一部长诗。它以诗剧的形式，通过人物对话，阐明"兴邦治国"之道和诗人的政治理想。长诗篇幅宏伟，内容丰富，语言流畅，叙事说理深刻精辟，景物描写形象生动，是维吾尔族文学语言的典范作品，对后世诗歌的发展有较深的影响，成为维吾尔族文学史上的丰碑。

《真理的入门》是部劝喻长诗，以诗的形式阐述道德观念和哲学观点。长诗从思想内容、艺术特色或语言特色来看，在维吾尔族文学史上占有重要地位。

蒙古族三大历史名著

《蒙古秘史》《黄金史》和《蒙古源流》并称为蒙古族三大历史名著。

《蒙古秘史》成书于13世纪，是第一部有文字记载的蒙古史书。它不仅是一部世界著名的历史著作，而且是一部集古代蒙古族文学、语言和哲学成就的百科全书。它用诗一般的语言，形象而真实地描绘出古代蒙古民族的历史。这部奇特史书具有浓厚的文学色彩。它的序篇记述了成吉思汗祖先的500余年间的斗争生活和坎坷经历。又以史实为根据，描写成吉思汗为首的英雄人物的经历，集中概括地反映了蒙古诸部的社会变革过程，讴歌了推动社会变革的积极力量。

《蒙古秘史》的文学价值在于：它在描述蒙古黄金家族历史的同时，还成功地塑造了许多栩栩如生的人物形象。它的语言是古代蒙古文学的典范，是一宗宝贵遗产。日本学者称赞《蒙古秘史》是一部"世界文学史上足以矜夸的神品"。

蒙古族的古代文学，发展到17世纪的时候，产生了两部辉煌巨著。一部是罗卜桑丹津的《黄金史》，一部是萨囊彻辰的《蒙古源流》。

《黄金史》前半部分脱胎于《蒙古秘史》，描写成吉思汗统一蒙古诸部及征服西夏和全国的历史，后半部以编年史的体裁叙述了从斡歌歹到林丹汗为止的一段历史，是历史文学合一的。其中利用了大量历史资料，同时穿插了带有文学性质的故事传说。

历史、文学巨著《蒙古源流》是明末清初的作品。叙述了成吉思汗英雄业绩，评价成吉思汗后代诸可汗的功过及明朝建立后蒙古地方发生的历史事件。

从《敕勒歌》到《红楼梦》

民族作家和作家文学的崛起是我国少数民族文学发展史上的里程碑。从北魏的一曲石破天惊的《敕勒歌》到伟大的现实主义古典小说《红楼梦》，可谓名家辈出，群星灿烂。

"敕勒川，阴山下。天似穹庐，笼罩四野。天苍苍，野茫茫，风吹草低见牛羊"。这首敕勒族民歌以它强大的思想和艺术的力量，成为不朽的名篇。元好问是金代杰出诗人，他是鲜卑人，他的"丧乱诗"具有诗史的意义。女真人董解元是古今传奇鼻祖，他的《西厢记诸宫调》是金代说唱文学的代表作。元代著名政治家耶律楚材，契丹人，他创作了不少反映蒙古骑兵的军功和自己戎马生涯的诗作。回族萨都剌是元代最著名的诗人，以《雁门集》名之。他的作品有"天马行空而步骤不凡"的奔腾气势，也有"神蛟混海而隐现莫测"的俊爽清新，还有"威风仪庭而光彩蹁跹"的婉丽逸致，成为中国诗歌史上承前启后的大家。

维吾尔族的贯云石是元代散曲作家，其作品以写山林逸乐生活和男女恋情为主，作品与汉族散曲家徐再思合辑为《酸甜乐府》。

李直夫是女真族人，元代著名杂剧家。他的名作《便宜行事虎头牌》写女真人山寿马任兵马大元帅，有"便宜行事，先斩后奏"大权，痛斥叔父贪酒失地的故事，是描写女真族生活的优秀之作，具有浓厚的民族色彩。

明代思想家、文学评论家李贽是回族。他的《童心说》《杂说》《〈忠义水浒传〉序》都对一些重要的文学理论问题进行了论述。

木公、木增是明代纳西族著名诗人，他们是纳西族诗歌的开拓者。

清代是中国最后一个封建王朝。清代文学的主要成就是小说，代表这个时期小说成就的是《聊斋志异》和《红楼梦》。两部巨著都出自少数民族作家的手笔。回族蒲松龄的《聊斋志异》是中国文言小说的力作；满族曹雪芹的《红楼梦》是中国古代最伟大的一部现实主义长篇小说。

清代满族词人纳兰性德是最有成就的，他的词善以白描手法，直写性情，真挚动人，小令哀婉缠绵，感染力很强。

蒙古族尹湛纳希是清末杰出作家，《青史演义》《一层楼》《泣红亭》是他的三部重要作品。

现代少数民族作家文学

中国现代少数民族作家文学，是继承"五四"新文学传统发展起来的，作品都充满了反帝爱国的激情。

黎·穆特里甫是一位卓越的维吾尔族革命诗人，他被敌人杀害时，年仅 23 岁。他的创作主要反映当时与中国人民生死存亡息息相关的抗日救亡运动。代表作品有《中国》《给岁月的答复》等。

苗族作家陈靖，壮族作家陆地，侗族作家苗延秀是在革命队伍中成长起来的。他们的作品反映各族人民的斗争和社会生活，具有鲜明的民族特色。

生活在国民党统治区的一些作家如老舍（满族）、沈从文（苗族）、端木蕻良（满族）等则从另一侧面反映了新民主主义时期中国人民的生活、理想和愿望。作家老舍的《骆驼祥子》《四世同堂》和《茶馆》是享有世界声誉的代表作，在中国现代文学史上占有重要地位。

当代少数民族文学

中国当代民族文学是在新中国成立的礼炮声中诞生的。从此，中国少数民族作家文学进入了一个崭新的时代。

纳·赛音朝克图是当代蒙古族一位杰出诗人，他的诗"赞颂阳光般光辉明朗的新生活"，歌颂各族人民的幸福和友谊，在群众中有深厚的影响。"我们心里的爱，用乳来表示；我们对自由和解放，用乳来献礼。"是蒙古族诗人巴·布林贝赫记录下的牧民对新生活的喜悦之情。维吾尔族诗人铁衣甫江的《祖国——我生命的土壤》充满了爱国主义激情。哈萨克族著名诗人的《从小毡房走向全世界》唱出了哈萨克人民解放的喜悦。优秀的藏族诗人饶杰巴桑，他的抒情诗构思独特，意境新颖。壮族诗人韦其麟的长诗《百鸟衣》，既有神话传说色彩，又有山歌甜美的韵味。朝鲜族的李旭、金哲、满族的胡昭、白族的晓雪、土家族的汪承栋、回族的沙蕾……都是在全国颇有影响的著名诗人。

《茫茫的草原》是蒙古族作家玛拉沁夫为当代民族文学贡献的一部重要之作。壮族作家陆地《美丽的南方》《瀑布》，彝族作家李乔的《欢笑的金沙江》《破晓的山野》；藏族作家益希单增的《幸存的人》和降边嘉措的《格桑梅朵》等这一部部鸿篇巨著，展示了少数民族的生活和斗争的历史命运，是作家们对当代民族文学的巨大贡献。

目前由不同民族的老中青优秀作家组成的创作队伍，已成为我国文坛上一支引人注目的生力军。他们令人难忘的文学佳作多次获奖。一批有成就有影响的青年作家，如回族的张承志，鄂温克族的乌热尔图，满族的边玲玲，藏族的扎西达娃，朝鲜族的林元春等令人瞩目。

老舍的《茶馆》，玛拉沁夫的《草原上的人们》，蒙古族作家李准的《李双双》，赫哲族乌·白辛的《冰山上的来客》，壮族作家周民震的《甜蜜的事业》，回族作家沙叶新的《陈毅市长》等一大批脍炙人口的优秀之作，在中国当代戏剧史和电影史上占有突出地位。

少数民族谚语

谚语是民间集体创造、广为流传、言简意赅并较为定性的艺术语句。谚语来源于生活，每一条谚语都是劳动人民语言、智慧、社会经验的结晶，民族文化的艺术精华，反映的内容涉及到社会生活的各个方面，形象生动、通俗易懂，不少谚语是以看得见摸得着的普通事物作比喻，将深奥的道理表达得淋漓尽致。下面，我们就欣赏一些少数民族的谚语吧。

蒙古族

珍宝中最贵的是金子，语言里最美的是谚语。

阴暗的夜晚别只贪睡，办事的时候别辞劳累。

一匹马的好坏，赛场里比一比；一个人的好坏，众人中听一听。

马在软地上易失前蹄，人在甜言上易栽跟头。

井里的蛤蟆不知道大海。

枯树无果实，空话无价值。

话语用道理衡量，行为以实践检验。

志大的好汉，身心不闲；手巧的妇女，手眼不闲。

勇敢，事会成功；勤劳，幸福必来。

鹰看高飞，人看行为。

不见不识，不做不会。

走路的对头是脚懒，学习的对头是自满。

朋友好与坏，困难时候便分晓。

骑马要有缰绳，学习要有机灵。

雨勤水草好，口勤学问高。

大河是安静的，有学问的人是谦虚的。

别把自己看成聪明伶俐，别把别人看成傻瓜笨蛋。

寅时不起，误一天的事；幼时不学，误一生的事。

求人诚意，教人诚心；行行有学问，事事要用心。

用时不爱惜，就要损坏；做时不慎重，就要失败。

艰难时需坚强，欢乐时需谨慎。

批评人当面好，夸奖人背地好。

只要真理一到来，虚假自然不存在。

好马全凭强壮，好汉全凭志强。

只要比赛就有一胜，只要肯学就有一成。

壮族

木不凿不通，人不学不懂。

水滞船不走，人懒事难成。

不受苦，就得不到幸福。

热粥难喝，人心难摸。

只知道追求情人的美貌，终究会受到人们的讥笑。

懒惰催人老，勤劳可延年。

篝火能把严寒驱散，团结能把困难赶跑。

劳动暖身，空话冷心。

家有梧桐树，自有凤凰来。

自满是求知的拦路虎，自谦是智慧的引路人。

公鸡想啼拍翅膀，人要讲话想前后。

老人经历过什么就讲什么，小孩看到什么就讲什么。

藏族

想向别人传道，先要自己懂经。

骑马不研究马的人，永远不会成为真正的骑手。

补丁能补洞，却补不了烂。

卓越的人受到挫折，能使他更加倍努力。

最好的走马，都是骑出来的，最有才的人，都是磨炼出来的。

办事只是动动嘴，就像皮绳套流水。

在千百只黄羊群里，如果无目的地放枪，可能一只也打不中。

一个博学家的思考，不如三个普通人的商讨。

劳动是知识的源泉，知识是生活的明灯。

苗族

忠诚是爱情的桥梁，欺诈是友谊的敌人。

滴水成河，粒米成箩。

好射手不是他的箭出名，而是因为他射得准。

养牛没有巧，水足草料饱。

关门养虎，虎大伤人。

水浑鱼会死，人懒肚挨饿。

人勤意见少，人懒爱挑拨。

一根线难织布，一个人难立房。

好朋友不嫌多，坏分子怕一个。

饮吃多了不好过，话说多了不好听。

听老鼠的话，猫儿就最残酷；如果听老虎的话，猪栏最好敞开。

哈萨克族

树从根上吸取营养，人在群众中得到成长。

眼睛害病是从手上得的，肚子害病是从嘴里得的。

宰只羊一瞬间，养只羊得一年。

马是人的翅膀，饭是人的力量。

朋友面前莫昂首，敌人面前别低头。

胜利是克服了无数困难取得的。

财富的父亲是劳动，财富的母亲是大地。

偷窃得来的财富有腿，劳动得来的财富有根。

劳动能将戈壁滩变成绿洲，懒惰能将绿洲变成废墟。

最好的药是草原上的空气。

聪明人量力办事，糊涂人想一步登天。

满族

只有孜孜以求的人，才能够获得知识。懂得知识的价值者，才是
有知识的。

爱叫的猫捉不到老鼠，好吹的人办不成大事。

信心加决心，打开聚宝盆。

栽花要栽月月红，种树要种不老松。

三分吃药，七分调理。

错误不隐瞒，责任不推诿。

有志者，自有千方百计；无志者，自有千难万难。

朝鲜族

一怒之下踢石头，只有痛着脚趾头。

一根毛线织不成毡，一棵松树成不了松林。

还未长毛就想飞，肯定跌落在土堆。

聪明的鸟儿珍惜羽毛，聪明的人儿珍惜时间。

功夫到家，石头开花。

滚动的石头，不会长青苔。

劳动出智慧，实践出真理。

维吾尔族

马的本领露在牙齿上，人的本领藏在眼睛里。

怒来理智失，疑生信任消。

好马一鞭飞驰，懒马千鞭不走。

互相信任才算好伙伴，互相关心才算好家庭。

智慧不凭年龄凭心灵，友谊不在一时在平常。

砂石里可以淘出金子，汗水里可以找到幸福。

金银财宝不算真富，团结和睦才是幸福。

不能把狼当羊看，不能把敌人当自己看。

彝族

香甜的米酒越喝越醉人，友谊的双手越牵越温暖。

做事不要光在嘴上，还要在手上；看人不要光看脸上，还要看心上。

学会巨石那样稳重，莫学柳枝那样飘摇。

不要怜悯豺狼的嚎叫，那是反扑的信号。

能分清糠和米容易，要识别真与假不易。

远飞的雄鹰见得多，勤学的人们懂得多。

大雁能知冷与暖，蜜蜂能辨西与东。

乌孜别克族

和好人交朋友，遇事有好帮手；和坏人交朋友，到头来挨石头。

火气一来，智慧走开。

飞鸟因贪食而被捕捉。

眼睛望着天，走路会跌跤。

有老人的家庭有黄金。

草要经过牛胃的反复消化，才能变成牛乳；书要经过人脑的反复思考，才能变成知识。

流水冲不走重石头。

结亲之前多思考，结亲之后多关照。

好女人凭双手，坏女人凭嘴头。

回族

知道一分钟确实可贵，就应该珍惜每一秒钟。

月亮胜过星星，学者高于凡人。

有理不在高声，有才不在宣扬。

无论你腹中有多少知识，假如不用便是一无所知。

允诺要慢，履约要快。

回汉一条心，黄土变成金。

水无爪子刨下坑，话没箭头射烂心。

傣族

一群牛进菜园子，总有一个带头的。

山斑鸠装家鸽总有点不像，狐狸学着猫叫总有点名堂。

水深不响，水响不深。

柱子比梁粗，国法比天大。

辣子不会甜，好汉不会乖。

亲戚三年不往来，成为外人；菜园三年不进，成为草地。

挑拨的话胜过赞美诗，腌酸的小泥鳅胜过烤鲸鱼。

（说明：本书使用的个别图片无法与原作者取得联系，在此表示歉意，敬请原作者及时与我社联系，我社将按照有关标准支付报酬。）